INDONESISCH
WORTSCHATZ

FÜR DAS SELBSTSTUDIUM

DEUTSCH
INDONESISCH

Die nützlichsten Wörter
Zur Erweiterung Ihres Wortschatzes und
Verbesserung der Sprachfertigkeit

5000 Wörter

Wortschatz Deutsch-Indonesisch für das Selbststudium - 5000 Wörter
Von Andrey Taranov

T&P Books Vokabelbücher sind dafür vorgesehen, beim Lernen einer Fremdsprache zu helfen, Wörter zu memorieren und zu wiederholen. Das Wörterbuch ist nach Themen aufgeteilt und deckt alle wichtigen Bereiche des täglichen Lebens, Berufs, Wissenschaft, Kultur etc. ab.

Durch das Benutzen der themenbezogenen T&P Books ergeben sich folgende Vorteile für den Lernprozess:

- Sachgemäß geordnete Informationen bestimmen den späteren Erfolg auf den darauffolgenden Stufen der Memorisierung
- Die Verfügbarkeit von Wörtern, die sich aus der gleichen Wurzel ableiten lassen, erlaubt die Memorisierung von Worteinheiten (mehr als bei einzeln stehenden Wörtern)
- Kleine Worteinheiten unterstützen den Aufbauprozess von assoziativen Verbindungen für die Festigung des Wortschatzes
- Die Kenntnis der Sprache kann aufgrund der Anzahl der gelernten Wörter eingeschätzt werden

Copyright © 2018 T&P Books Publishing

Alle Rechte vorbehalten. Auszüge dieses Buches dürfen nicht ohne schriftliche Erlaubnis des Herausgebers abgedruckt oder mit anderen elektronischen oder mechanischen Mitteln, einschließlich Photokopierung, Aufzeichnung oder durch Informationsspeicherung- und Rückgewinnungssysteme, oder in irgendeiner anderen Form verwendet werden.

T&P Books Publishing
www.tpbooks.com

ISBN: 978-1-78616-505-3

Dieses Buch ist auch im E-Book Format erhältlich.
Besuchen Sie uns auch auf www.tpbooks.com oder auf einer der bedeutenden Buchhandlungen online.

WORTSCHATZ DEUTSCH-INDONESISCH
für das Selbststudium

Die Vokabelbücher von T&P Books sind dafür vorgesehen, Ihnen beim Lernen einer Fremdsprache zu helfen, Wörter zu memorieren und zu wiederholen. Der Wortschatz enthält über 5000 häufig gebrauchte, thematisch geordnete Wörter.

- Der Wortschatz enthält die am häufigsten benutzten Wörter
- Eignet sich als Ergänzung zu jedem Sprachkurs
- Erfüllt die Bedürfnisse von Anfängern und fortgeschrittenen Lernenden von Fremdsprachen
- Praktisch für den täglichen Gebrauch, zur Wiederholung und um sich selbst zu testen
- Ermöglicht es, Ihren Wortschatz einzuschätzen

Besondere Merkmale des Wortschatzes:

- Wörter sind entsprechend ihrer Bedeutung und nicht alphabetisch organisiert
- Wörter werden in drei Spalten präsentiert, um das Wiederholen und den Selbstüberprüfungsprozess zu erleichtern
- Wortgruppen werden in kleinere Einheiten aufgespalten, um den Lernprozess zu fördern
- Der Wortschatz bietet eine praktische und einfache Lautschrift jedes Wortes der Fremdsprache

Der Wortschatz hat 155 Themen, einschließlich:

Grundbegriffe, Zahlen, Farben, Monate, Jahreszeiten, Maßeinheiten, Kleidung und Accessoires, Essen und Ernährung, Restaurant, Familienangehörige, Verwandte, Charaktereigenschaften, Empfindungen, Gefühle, Krankheiten, Großstadt, Kleinstadt, Sehenswürdigkeiten, Einkaufen, Geld, Haus, Zuhause, Büro, Import & Export, Marketing, Arbeitssuche, Sport, Ausbildung, Computer, Internet, Werkzeug, Natur, Länder, Nationalitäten und vieles mehr...

INHALT

Leitfaden für die Aussprache	9
Abkürzungen	10

GRUNDBEGRIFFE 11
Grundbegriffe. Teil 1 11

1.	Pronomen	11
2.	Grüße. Begrüßungen. Verabschiedungen	11
3.	Jemanden ansprechen	12
4.	Grundzahlen. Teil 1	12
5.	Grundzahlen. Teil 2	13
6.	Ordnungszahlen	14
7.	Zahlen. Brüche	14
8.	Zahlen. Grundrechenarten	14
9.	Zahlen. Verschiedenes	14
10.	Die wichtigsten Verben. Teil 1	15
11.	Die wichtigsten Verben. Teil 2	16
12.	Die wichtigsten Verben. Teil 3	17
13.	Die wichtigsten Verben. Teil 4	18
14.	Farben	19
15.	Fragen	19
16.	Präpositionen	20
17.	Funktionswörter. Adverbien. Teil 1	20
18.	Funktionswörter. Adverbien. Teil 2	22

Grundbegriffe. Teil 2 24

19.	Wochentage	24
20.	Stunden. Tag und Nacht	24
21.	Monate. Jahreszeiten	25
22.	Maßeinheiten	27
23.	Behälter	27

DER MENSCH 29
Der Mensch. Körper 29

24.	Kopf	29
25.	Menschlicher Körper	30

Kleidung & Accessoires 31

26.	Oberbekleidung. Mäntel	31
27.	Men's & women's clothing	31

28. Kleidung. Unterwäsche	32
29. Kopfbekleidung	32
30. Schuhwerk	32
31. Persönliche Accessoires	33
32. Kleidung. Verschiedenes	33
33. Kosmetikartikel. Kosmetik	34
34. Armbanduhren Uhren	35

Essen. Ernährung	**36**
35. Essen	36
36. Getränke	37
37. Gemüse	38
38. Obst. Nüsse	39
39. Brot. Süßigkeiten	40
40. Gerichte	40
41. Gewürze	41
42. Mahlzeiten	42
43. Gedeck	43
44. Restaurant	43

Familie, Verwandte und Freunde	**44**
45. Persönliche Informationen. Formulare	44
46. Familienmitglieder. Verwandte	44

Medizin	**46**
47. Krankheiten	46
48. Symptome. Behandlungen. Teil 1	47
49. Symptome. Behandlungen. Teil 2	48
50. Symptome. Behandlungen. Teil 3	49
51. Ärzte	50
52. Medizin. Medikamente. Accessoires	50

LEBENSRAUM DES MENSCHEN	**52**
Stadt	**52**
53. Stadt. Leben in der Stadt	52
54. Innerstädtische Einrichtungen	53
55. Schilder	54
56. Innerstädtischer Transport	55
57. Sehenswürdigkeiten	56
58. Shopping	57
59. Geld	58
60. Post. Postdienst	59

Wohnung. Haus. Zuhause	**60**
61. Haus. Elektrizität	60

62. Villa. Schloss	60
63. Wohnung	60
64. Möbel. Innenausstattung	61
65. Bettwäsche	62
66. Küche	62
67. Bad	63
68. Haushaltsgeräte	64

AKTIVITÄTEN DES MENSCHEN	65
Beruf. Geschäft. Teil 1	65
69. Büro. Arbeiten im Büro	65
70. Geschäftsabläufe. Teil 1	66
71. Geschäftsabläufe. Teil 2	67
72. Fertigung. Arbeiten	68
73. Vertrag. Zustimmung	69
74. Import & Export	70
75. Finanzen	70
76. Marketing	71
77. Werbung	72
78. Bankgeschäft	72
79. Telefon. Telefongespräche	73
80. Mobiltelefon	74
81. Bürobedarf	74
82. Geschäftsarten	75

Arbeit. Geschäft. Teil 2	77
83. Show. Ausstellung	77
84. Wissenschaft. Forschung. Wissenschaftler	78

Berufe und Tätigkeiten	80
85. Arbeitsuche. Kündigung	80
86. Geschäftsleute	80
87. Dienstleistungsberufe	81
88. Militärdienst und Ränge	82
89. Beamte. Priester	83
90. Landwirtschaftliche Berufe	83
91. Künstler	84
92. Verschiedene Berufe	84
93. Beschäftigung. Sozialstatus	86

Ausbildung	87
94. Schule	87
95. Hochschule. Universität	88
96. Naturwissenschaften. Fächer	89
97. Schrift Rechtschreibung	89
98. Fremdsprachen	90

Erholung. Unterhaltung. Reisen 92

99. Ausflug. Reisen 92
100. Hotel 92

TECHNISCHES ZUBEHÖR. TRANSPORT 94
Technisches Zubehör 94

101. Computer 94
102. Internet. E-Mail 95
103. Elektrizität 96
104. Werkzeug 96

Transport 99

105. Flugzeug 99
106. Zug 100
107. Schiff 101
108. Flughafen 102

Lebensereignisse 104

109. Feiertage. Ereignis 104
110. Bestattungen. Begräbnis 105
111. Krieg. Soldaten 105
112. Krieg. Militärische Aktionen. Teil 1 106
113. Krieg. Militärische Aktionen. Teil 2 108
114. Waffen 109
115. Menschen der Antike 111
116. Mittelalter 111
117. Führungspersonen. Chef. Behörden 113
118. Gesetzesverstoß Verbrecher. Teil 1 114
119. Gesetzesbruch. Verbrecher. Teil 2 115
120. Polizei Recht. Teil 1 116
121. Polizei. Recht. Teil 2 117

NATUR 119
Die Erde. Teil 1 119

122. Weltall 119
123. Die Erde 120
124. Himmelsrichtungen 121
125. Meer. Ozean 121
126. Namen der Meere und Ozeane 122
127. Berge 123
128. Namen der Berge 124
129. Flüsse 124
130. Namen der Flüsse 125
131. Wald 125
132. natürliche Lebensgrundlagen 126

Die Erde. Teil 2   128

133. Wetter   128
134. Unwetter Naturkatastrophen   129

Fauna   130

135. Säugetiere. Raubtiere   130
136. Tiere in freier Wildbahn   130
137. Haustiere   131
138. Vögel   132
139. Fische. Meerestiere   134
140. Amphibien Reptilien   134
141. Insekten   135

Flora   136

142. Bäume   136
143. Büsche   136
144. Obst. Beeren   137
145. Blumen. Pflanzen   138
146. Getreide, Körner   139

LÄNDER. NATIONALITÄTEN   140

147. Westeuropa   140
148. Mittel- und Osteuropa   140
149. Frühere UdSSR Republiken   141
150. Asien   141
151. Nordamerika   142
152. Mittel- und Südamerika   142
153. Afrika   143
154. Australien. Ozeanien   143
155. Städte   143

LEITFADEN FÜR DIE AUSSPRACHE

Buchstabe	Indonesisch Beispiel	T&P phonetisches Alphabet	Deutsch Beispiel
Aa	zaman	[a]	schwarz
Bb	besar	[b]	Brille
Cc	kecil, cepat	[tʃ]	Matsch
Dd	dugaan	[d]	Detektiv
Ee	segera, mencium	[e], [ə]	hängen
Ff	berfungsi	[f]	fünf
Gg	juga, lagi	[g]	gelb
Hh	hanya, bahwa	[h]	brauchbar
Ii	izin, sebagai ganti	[i], [j]	ihr, Jacke
Jj	setuju, ijin	[dʒʲ]	Jeans, Magyaren
Kk	kemudian, tidak	[k], [ʔ]	dreieckig, Glottisschlag
Ll	dilarang	[l]	Juli
Mm	melihat	[m]	Mitte
Nn	berenang	[n], [ŋ]	nicht, Känguru
Oo	toko roti	[o:]	groß
Pp	peribahasa	[p]	Polizei
Qq	Aquarius	[k]	Kalender
Rr	ratu, riang	[r]	Zungenspitzen-R
Ss	sendok, syarat	[s], [ʃ]	sein, Chance
Tt	tamu, adat	[t]	still
Uu	ambulans	[u]	kurz
Vv	renovasi	[v]	November
Ww	pariwisata	[w]	schwanger
Xx	boxer	[ks]	Expedition
Yy	banyak, syarat	[j]	Jacke
Zz	zamrud	[z]	sein

Zusammensetzungen von Buchstaben

aa	maaf	[aʔa]	a+Glottisschlag
kh	khawatir	[h]	brauchbar
th	Gereja Lutheran	[t]	still
-k	tidak	[ʔ]	Glottisschlag

ABKÜRZUNGEN
die im Vokabular verwendet werden

Deutsch. Abkürzungen

Adj	-	Adjektiv
Adv	-	Adverb
Amtsspr.	-	Amtssprache
f	-	Femininum
f, n	-	Femininum, Neutrum
Fem.	-	Femininum
m	-	Maskulinum
m, f	-	Maskulinum, Femininum
m, n	-	Maskulinum, Neutrum
Mask.	-	Maskulinum
n	-	Neutrum
pl	-	Plural
Sg.	-	Singular
ugs.	-	umgangssprachlich
unzähl.	-	unzählbar
usw.	-	und so weiter
v mod	-	Modalverb
vi	-	intransitives Verb
vi, vt	-	intransitives, transitives Verb
vt	-	transitives Verb
zähl.	-	zählbar
z.B.	-	zum Beispiel

GRUNDBEGRIFFE

Grundbegriffe. Teil 1

1. Pronomen

ich	saya, aku	[saja], [aku]
du	engkau, kamu	[eŋkau], [kamu]
er, sie, es	beliau, dia, ia	[beliau], [dia], [ia]
wir	kami, kita	[kami], [kita]
ihr	kalian	[kalian]
Sie (Sg.)	Anda	[anda]
Sie (pl)	Anda sekalian	[anda sekalian]
sie	mereka	[mereka]

2. Grüße. Begrüßungen. Verabschiedungen

Hallo! (ugs.)	Halo!	[halo!]
Hallo! (Amtsspr.)	Halo!	[halo!]
Guten Morgen!	Selamat pagi!	[slamat pagi!]
Guten Tag!	Selamat siang!	[slamat siaŋ!]
Guten Abend!	Selamat sore!	[slamat sore!]
grüßen (vi, vt)	menyapa	[mənjapa]
Hallo! (ugs.)	Hai!	[hey!]
Gruß (m)	sambutan, salam	[sambutan], [salam]
begrüßen (vt)	menyambut	[mənjambut]
Wie geht's?	Apa kabar?	[apa kabar?]
Was gibt es Neues?	Apa yang baru?	[apa yaŋ baru?]
Auf Wiedersehen!	Selamat tinggal!	[slamat tiŋgal!],
	Selamat jalan!	[slamat dʒˈalan!]
Wiedersehen! Tschüs!	Dadah!	[dadah!]
Bis bald!	Sampai bertemu lagi!	[sampaj bərtemu lagi!]
Lebe wohl!	Sampai jumpa!	[sampaj dʒˈumpa!]
Leben Sie wohl!	Selamat tinggal!	[slamat tiŋgal!]
sich verabschieden	berpamitan	[bərpamitan]
Tschüs!	Sampai nanti!	[sampaj nanti!]
Danke!	Terima kasih!	[tərima kasih!]
Dankeschön!	Terima kasih banyak!	[tərima kasih banjaʔ!]
Bitte (Antwort)	Kembali! Sama-sama!	[kembali!], [sama-sama!]
Keine Ursache.	Kembali!	[kembali!]
Nichts zu danken.	Kembali!	[kembali!]
Entschuldigen Sie!	Maaf, ...	[maʔaf, ...]
entschuldigen (vt)	memaafkan	[memaʔafkan]

sich entschuldigen	meminta maaf	[meminta ma'af]
Verzeihung!	Maafkan saya	[ma'afkan saja]
Es tut mir leid!	Maaf!	[ma'af!]
verzeihen (vt)	memaafkan	[mema'afkan]
Das macht nichts!	Tidak apa-apa!	[tida' apa-apa!]
bitte (Die Rechnung, ~!)	tolong	[toloŋ]
Nicht vergessen!	Jangan lupa!	[dʒ'aŋan lupa!]
Natürlich!	Tentu!	[tentu!]
Natürlich nicht!	Tentu tidak!	[tentu tida'!]
Gut! Okay!	Baiklah! Baik!	[bajklah!], [baj'!]
Es ist genug!	Cukuplah!	[tʃukuplah!]

3. Jemanden ansprechen

Entschuldigen Sie!	Maaf, ...	[ma'af, ...]
Herr	tuan	[tuan]
Frau	nyonya	[nenja]
Frau (Fräulein)	nona	[nona]
Junger Mann	nak	[na']
Junge	nak, bocah	[nak], [botʃah]
Mädchen	nak	[na']

4. Grundzahlen. Teil 1

null	nol	[nol]
eins	satu	[satu]
zwei	dua	[dua]
drei	tiga	[tiga]
vier	empat	[empat]
fünf	lima	[lima]
sechs	enam	[enam]
sieben	tujuh	[tudʒ'uh]
acht	delapan	[delapan]
neun	sembilan	[sembilan]
zehn	sepuluh	[sepuluh]
elf	sebelas	[sebelas]
zwölf	dua belas	[dua belas]
dreizehn	tiga belas	[tiga belas]
vierzehn	empat belas	[empat belas]
fünfzehn	lima belas	[lima belas]
sechzehn	enam belas	[enam belas]
siebzehn	tujuh belas	[tudʒ'uh belas]
achtzehn	delapan belas	[delapan belas]
neunzehn	sembilan belas	[sembilan belas]
zwanzig	dua puluh	[dua puluh]
einundzwanzig	dua puluh satu	[dua puluh satu]
zweiundzwanzig	dua puluh dua	[dua puluh dua]

dreiundzwanzig	dua puluh tiga	[dua puluh tiga]
dreißig	tiga puluh	[tiga puluh]
einunddreißig	tiga puluh satu	[tiga puluh satu]
zweiunddreißig	tiga puluh dua	[tiga puluh dua]
dreiunddreißig	tiga puluh tiga	[tiga puluh tiga]
vierzig	empat puluh	[empat puluh]
einundvierzig	empat puluh satu	[empat puluh satu]
zweiundvierzig	empat puluh dua	[empat puluh dua]
dreiundvierzig	empat puluh tiga	[empat puluh tiga]
fünfzig	lima puluh	[lima puluh]
einundfünfzig	lima puluh satu	[lima puluh satu]
zweiundfünfzig	lima puluh dua	[lima puluh dua]
dreiundfünfzig	lima puluh tiga	[lima puluh tiga]
sechzig	enam puluh	[enam puluh]
einundsechzig	enam puluh satu	[enam puluh satu]
zweiundsechzig	enam puluh dua	[enam puluh dua]
dreiundsechzig	enam puluh tiga	[enam puluh tiga]
siebzig	tujuh puluh	[tudʒ'uh puluh]
einundsiebzig	tujuh puluh satu	[tudʒ'uh puluh satu]
zweiundsiebzig	tujuh puluh dua	[tudʒ'uh puluh dua]
dreiundsiebzig	tujuh puluh tiga	[tudʒ'uh puluh tiga]
achtzig	delapan puluh	[delapan puluh]
einundachtzig	delapan puluh satu	[delapan puluh satu]
zweiundachtzig	delapan puluh dua	[delapan puluh dua]
dreiundachtzig	delapan puluh tiga	[delapan puluh tiga]
neunzig	sembilan puluh	[sembilan puluh]
einundneunzig	sembulan puluh satu	[sembulan puluh satu]
zweiundneunzig	sembilan puluh dua	[sembilan puluh dua]
dreiundneunzig	sembilan puluh tiga	[sembilan puluh tiga]

5. Grundzahlen. Teil 2

einhundert	seratus	[seratus]
zweihundert	dua ratus	[dua ratus]
dreihundert	tiga ratus	[tiga ratus]
vierhundert	empat ratus	[empat ratus]
fünfhundert	lima ratus	[lima ratus]
sechshundert	enam ratus	[enam ratus]
siebenhundert	tujuh ratus	[tudʒ'uh ratus]
achthundert	delapan ratus	[delapan ratus]
neunhundert	sembilan ratus	[sembilan ratus]
eintausend	seribu	[seribu]
zweitausend	dua ribu	[dua ribu]
dreitausend	tiga ribu	[tiga ribu]
zehntausend	sepuluh ribu	[sepuluh ribu]
hunderttausend	seratus ribu	[seratus ribu]

| Million (f) | juta | [dʒiuta] |
| Milliarde (f) | miliar | [miliar] |

6. Ordnungszahlen

der erste	pertama	[pertama]
der zweite	kedua	[kedua]
der dritte	ketiga	[ketiga]
der vierte	keempat	[keempat]
der fünfte	kelima	[kelima]

der sechste	keenam	[keenam]
der siebte	ketujuh	[ketudʒiuh]
der achte	kedelapan	[kedelapan]
der neunte	kesembilan	[kesembilan]
der zehnte	kesepuluh	[kesepuluh]

7. Zahlen. Brüche

Bruch (m)	pecahan	[petʃahan]
Hälfte (f)	seperdua	[seperdua]
Drittel (n)	sepertiga	[sepertiga]
Viertel (n)	seperempat	[seperempat]

Achtel (m, n)	seperdelapan	[seperdelapan]
Zehntel (n)	sepersepuluh	[sepersepuluh]
zwei Drittel	dua pertiga	[dua pertiga]
drei Viertel	tiga perempat	[tiga perempat]

8. Zahlen. Grundrechenarten

Subtraktion (f)	pengurangan	[peŋuraŋan]
subtrahieren (vt)	mengurangkan	[məŋuraŋkan]
Division (f)	pembagian	[pembagian]
dividieren (vt)	membagi	[membagi]

Addition (f)	penambahan	[penambahan]
addieren (vt)	menambahkan	[mənambahkan]
hinzufügen (vt)	menambahkan	[mənambahkan]
Multiplikation (f)	pengalian	[peŋalian]
multiplizieren (vt)	mengalikan	[məŋalikan]

9. Zahlen. Verschiedenes

Ziffer (f)	angka	[aŋka]
Zahl (f)	nomor	[nomor]
Zahlwort (n)	kata bilangan	[kata bilaŋan]
Minus (n)	minus	[minus]

| Plus (n) | plus | [plus] |
| Formel (f) | rumus | [rumus] |

Berechnung (f)	perhitungan	[pərhituŋan]
zählen (vt)	menghitung	[məŋhituŋ]
berechnen (vt)	menghitung	[məŋhituŋ]
vergleichen (vt)	membandingkan	[membandiŋkan]

Wie viel, -e?	Berapa?	[bərapa?]
Summe (f)	jumlah	[dʒʲumlah]
Ergebnis (n)	hasil	[hasil]
Rest (m)	sisa, baki	[sisa], [baki]

einige (~ Tage)	beberapa	[beberapa]
wenig (Adv)	sedikit	[sedikit]
Übrige (n)	selebihnya, sisanya	[selebihnja], [sisanja]
anderthalb	satu setengah	[satu seteŋah]
Dutzend (n)	lusin	[lusin]

entzwei (Adv)	dua bagian	[dua bagian]
zu gleichen Teilen	rata	[rata]
Hälfte (f)	setengah	[seteŋah]
Mal (n)	kali	[kali]

10. Die wichtigsten Verben. Teil 1

abbiegen (nach links ~)	membelok	[membeloʔ]
abschicken (vt)	mengirim	[məŋirim]
ändern (vt)	mengubah	[məŋubah]
andeuten (vt)	memberi petunjuk	[memberi petundʒʲuʔ]
Angst haben	takut	[takut]

ankommen (vi)	datang	[dataŋ]
antworten (vi)	menjawab	[məndʒʲawab]
arbeiten (vi)	bekerja	[bekerdʒʲa]
auf ... zählen	mengharapkan ...	[məŋharapkan ...]
aufbewahren (vt)	menyimpan	[mənjimpan]

aufschreiben (vt)	mencatat	[məntʃatat]
ausgehen (vi)	keluar	[keluar]
aussprechen (vt)	melafalkan	[melafalkan]
bedauern (vt)	menyesal	[mənjesal]
bedeuten (vt)	berarti	[bərarti]
beenden (vt)	mengakhiri	[məŋahiri]

befehlen (Milit.)	memerintahkan	[memerintahkan]
befreien (Stadt usw.)	membebaskan	[membebaskan]
beginnen (vt)	memulai, membuka	[memulaj], [membuka]
bemerken (vt)	memperhatikan	[memperhatikan]
beobachten (vt)	mengamati	[məŋamati]

berühren (vt)	menyentuh	[mənjentuh]
besitzen (vt)	memiliki	[memiliki]
besprechen (vt)	membicarakan	[membitʃarakan]

| bestehen auf | mendesak | [məndesaʔ] |
| bestellen (im Restaurant) | memesan | [memesan] |

bestrafen (vt)	menghukum	[məŋhukum]
beten (vi)	bersembahyang, berdoa	[bərsembahjaŋ], [bərdoa]
bitten (vt)	meminta	[meminta]
brechen (vt)	memecahkan	[memetʃahkan]
denken (vi, vt)	berpikir	[bərpikir]

drohen (vi)	mengancam	[məŋantʃam]
Durst haben	haus	[haus]
einladen (vt)	mengundang	[məŋundaŋ]
einstellen (vt)	menghentikan	[məŋhentikan]
einwenden (vt)	keberatan	[keberatan]
empfehlen (vt)	merekomendasi	[merekomendasi]

erklären (vt)	menjelaskan	[məndʒelaskan]
erlauben (vt)	mengizinkan	[məŋizinkan]
ermorden (vt)	membunuh	[membunuh]
erwähnen (vt)	menyebut	[mənjebut]
existieren (vi)	ada	[ada]

11. Die wichtigsten Verben. Teil 2

fallen (vi)	jatuh	[dʒatuh]
fallen lassen	tercecer	[tərtʃetʃer]
fangen (vt)	menangkap	[mənaŋkap]
finden (vt)	menemukan	[mənemukan]
fliegen (vi)	terbang	[tərbaŋ]

folgen (Folge mir!)	mengikuti ...	[məŋikuti ...]
fortsetzen (vt)	meneruskan	[məneruskan]
fragen (vt)	bertanya	[bərtanja]
frühstücken (vi)	sarapan	[sarapan]
geben (vt)	memberi	[memberi]

gefallen (vi)	suka	[suka]
gehen (zu Fuß gehen)	berjalan	[bərdʒalan]
gehören (vi)	kepunyaan ...	[kepunjaʔan ...]
graben (vt)	menggali	[məŋgali]

haben (vt)	mempunyai	[mempunjaj]
helfen (vi)	membantu	[membantu]
herabsteigen (vi)	turun	[turun]
hereinkommen (vi)	masuk, memasuki	[masuk], [memasuki]

hoffen (vi)	berharap	[bərharap]
hören (vt)	mendengar	[məndeŋar]
hungrig sein	lapar	[lapar]
informieren (vt)	menginformasikan	[məŋinformasikan]
jagen (vi)	berburu	[bərburu]

| kennen (vt) | kenal | [kenal] |
| klagen (vi) | mengeluh | [məŋeluh] |

können (v mod)	bisa	[bisa]
kontrollieren (vt)	mengontrol	[məŋontrol]
kosten (vt)	berharga	[bərharga]
kränken (vt)	menghina	[məŋhina]
lächeln (vi)	tersenyum	[tərsenyum]
lachen (vi)	tertawa	[tərtawa]
laufen (vi)	lari	[lari]
leiten (Betrieb usw.)	memimpin	[memimpin]
lernen (vt)	mempelajari	[mempeladʒari]
lesen (vi, vt)	membaca	[membatʃa]
lieben (vt)	mencintai	[məntʃintaj]
machen (vt)	membuat	[membuat]
mieten (Haus usw.)	menyewa	[mənjewa]
nehmen (vt)	mengambil	[məŋambil]
noch einmal sagen	mengulangi	[məŋulaŋi]
nötig sein	dibutuhkan	[dibutuhkan]
öffnen (vt)	membuka	[membuka]

12. Die wichtigsten Verben. Teil 3

planen (vt)	merencanakan	[merentʃanakan]
prahlen (vi)	membual	[membual]
raten (vt)	menasihati	[mənasihati]
rechnen (vt)	menghitung	[məŋhituŋ]
reservieren (vt)	memesan	[memesan]
retten (vt)	menyelamatkan	[mənjelamatkan]
richtig raten (vt)	menerka	[mənerka]
rufen (um Hilfe ~)	memanggil	[memaŋgil]
sagen (vt)	berkata	[bərkata]
schaffen (Etwas Neues zu ~)	menciptakan	[məntʃiptakan]
schelten (vt)	memarahi, menegur	[memarahi], [menegur]
schießen (vi)	menembak	[mənembaʔ]
schmücken (vt)	menghiasi	[məŋhiasi]
schreiben (vi, vt)	menulis	[mənulis]
schreien (vi)	berteriak	[bərteriaʔ]
schweigen (vi)	diam	[diam]
schwimmen (vi)	berenang	[bərenaŋ]
schwimmen gehen	berenang	[bərenaŋ]
sehen (vi, vt)	melihat	[melihat]
sein (Lehrer ~)	ialah, adalah	[ialah], [adalah]
sein (müde ~)	sedang	[sedaŋ]
sich beeilen	tergesa-gesa	[tərgesa-gesa]
sich entschuldigen	meminta maaf	[meminta maʔaf]
sich interessieren	menaruh minat pada ...	[mənaruh minat pada ...]
sich irren	salah	[salah]
sich setzen	duduk	[duduʔ]

sich weigern	menolak	[mənola']
spielen (vi, vt)	bermain	[bərmajn]
sprechen (vi)	berbicara	[bərbitʃara]
staunen (vi)	heran	[heran]
stehlen (vt)	mencuri	[məntʃuri]
stoppen (vt)	berhenti	[bərhenti]
suchen (vt)	mencari ...	[məntʃari ...]

13. Die wichtigsten Verben. Teil 4

täuschen (vt)	menipu	[mənipu]
teilnehmen (vi)	turut serta	[turut serta]
übersetzen (Buch usw.)	menerjemahkan	[mənerdʒʲemahkan]
unterschätzen (vt)	meremehkan	[meremehkan]
unterschreiben (vt)	menandatangani	[mənandataŋani]

vereinigen (vt)	menyatukan	[mənjatukan]
vergessen (vt)	melupakan	[melupakan]
vergleichen (vt)	membandingkan	[membandiŋkan]
verkaufen (vt)	menjual	[məndʒʲual]
verlangen (vt)	menuntut	[mənuntut]

versäumen (vt)	absen	[absen]
versprechen (vt)	berjanji	[bərdʒʲandʒi]
verstecken (vt)	menyembunyikan	[mənjembunjikan]
verstehen (vt)	mengerti	[məŋerti]
versuchen (vt)	mencoba	[məntʃoba]

verteidigen (vt)	membela	[membela]
vertrauen (vi)	mempercayai	[mempertʃajaj]
verwechseln (vt)	bingung membedakan	[biŋuŋ membedakan]
verzeihen (vi, vt)	memaafkan	[mema'afkan]
verzeihen (vt)	memaafkan	[mema'afkan]
voraussehen (vt)	menduga	[mənduga]

vorschlagen (vt)	mengusulkan	[məŋusulkan]
vorziehen (vt)	lebih suka	[lebih suka]
wählen (vt)	memilih	[memilih]
warnen (vt)	memperingatkan	[memperiŋatkan]
warten (vi)	menunggu	[mənuŋgu]
weinen (vi)	menangis	[mənaŋis]

wissen (vt)	tahu	[tahu]
Witz machen	bergurau	[bərgurau]
wollen (vt)	mau, ingin	[mau], [iŋin]
zahlen (vt)	membayar	[membajar]
zeigen (jemandem etwas)	menunjukkan	[mənundʒʲu'kan]

zu Abend essen	makan malam	[makan malam]
zu Mittag essen	makan siang	[makan siaŋ]
zubereiten (vt)	memasak	[memasa']
zustimmen (vi)	setuju	[setudʒʲu]
zweifeln (vi)	ragu-ragu	[ragu-ragu]

14. Farben

Farbe (f)	warna	[warna]
Schattierung (f)	nuansa	[nuansa]
Farbton (m)	warna	[warna]
Regenbogen (m)	pelangi	[pelaŋi]
weiß	putih	[putih]
schwarz	hitam	[hitam]
grau	kelabu	[kelabu]
grün	hijau	[hidʒʲau]
gelb	kuning	[kuniŋ]
rot	merah	[merah]
blau	biru	[biru]
hellblau	biru muda	[biru muda]
rosa	pink	[pinʔ]
orange	oranye, jingga	[oranje], [dʒiŋga]
violett	violet, ungu muda	[violet], [uŋu muda]
braun	cokelat	[tʃokelat]
golden	keemasan	[keemasan]
silbrig	keperakan	[keperakan]
beige	abu-abu kecokelatan	[abu-abu ketʃokelatan]
cremefarben	krem	[krem]
türkis	pirus	[pirus]
kirschrot	merah tua	[merah tua]
lila	ungu	[uŋu]
himbeerrot	merah lembayung	[merah lembajuŋ]
hell	terang	[teraŋ]
dunkel	gelap	[gelap]
grell	terang	[teraŋ]
Farb- (z.B. -stifte)	berwarna	[bərwarna]
Farb- (z.B. -film)	warna	[warna]
schwarz-weiß	hitam-putih	[hitam-putih]
einfarbig	polos, satu warna	[polos], [satu warna]
bunt	berwarna-warni	[bərwarna-warni]

15. Fragen

Wer?	Siapa?	[siapa?]
Was?	Apa?	[apa?]
Wo?	Di mana?	[di mana?]
Wohin?	Ke mana?	[ke mana?]
Woher?	Dari mana?	[dari mana?]
Wann?	Kapan?	[kapan?]
Wozu?	Mengapa?	[məŋapa?]
Warum?	Mengapa?	[məŋapa?]
Wofür?	Untuk apa?	[untuʔ apa?]

Wie?	Bagaimana?	[bagajmana?]
Welcher?	Apa? Yang mana?	[apa?], [yaŋ mana?]
Wem?	Kepada siapa?	[kepada siapa?],
	Untuk siapa?	[untu' siapa?]
Über wen?	Tentang siapa?	[tentaŋ siapa?]
Wovon? (~ sprichst du?)	Tentang apa?	[tentaŋ apa?]
Mit wem?	Dengan siapa?	[deŋan siapa?]
Wie viel? Wie viele?	Berapa?	[berapa?]
Wessen?	Milik siapa?	[mili' siapa?]

16. Präpositionen

mit (Frau ~ Katzen)	dengan	[deŋan]
ohne (~ Dich)	tanpa	[tanpa]
nach (~ London)	ke	[ke]
über (~ Geschäfte sprechen)	tentang ...	[tentaŋ ...]
vor (z.B. ~ acht Uhr)	sebelum	[sebelum]
vor (z.B. ~ dem Haus)	di depan ...	[di depan ...]

unter (~ dem Schirm)	di bawah	[di bawah]
über (~ dem Meeresspiegel)	di atas	[di atas]
auf (~ dem Tisch)	di atas	[di atas]
aus (z.B. ~ München)	dari	[dari]
aus (z.B. ~ Porzellan)	dari	[dari]

| in (~ zwei Tagen) | dalam | [dalam] |
| über (~ zaun) | melalui | [melalui] |

17. Funktionswörter. Adverbien. Teil 1

Wo?	Di mana?	[di mana?]
hier	di sini	[di sini]
dort	di sana	[di sana]

| irgendwo | di suatu tempat | [di suatu tempat] |
| nirgends | tak ada di mana pun | [ta' ada di mana pun] |

| an (bei) | dekat | [dekat] |
| am Fenster | dekat jendela | [dekat dʒʲendela] |

Wohin?	Ke mana?	[ke mana?]
hierher	ke sini	[ke sini]
dahin	ke sana	[ke sana]
von hier	dari sini	[dari sini]
von da	dari sana	[dari sana]

nah (Adv)	dekat	[dekat]
weit, fern (Adv)	jauh	[dʒʲauh]
in der Nähe von ...	dekat	[dekat]
in der Nähe	dekat	[dekat]

unweit (~ unseres Hotels)	tidak jauh	[tida' dʒ‍auh]
link (Adj)	kiri	[kiri]
links (Adv)	di kiri	[di kiri]
nach links	ke kiri	[ke kiri]
recht (Adj)	kanan	[kanan]
rechts (Adv)	di kanan	[di kanan]
nach rechts	ke kanan	[ke kanan]
vorne (Adv)	di depan	[di depan]
Vorder-	depan	[depan]
vorwärts	ke depan	[ke depan]
hinten (Adv)	di belakang	[di belakaŋ]
von hinten	dari belakang	[dari belakaŋ]
rückwärts (Adv)	mundur	[mundur]
Mitte (f)	tengah	[teŋah]
in der Mitte	di tengah	[di teŋah]
seitlich (Adv)	di sisi, di samping	[di sisi], [di sampiŋ]
überall (Adv)	di mana-mana	[di mana-mana]
ringsherum (Adv)	di sekitar	[di sekitar]
von innen (Adv)	dari dalam	[dari dalam]
irgendwohin (Adv)	ke suatu tempat	[ke suatu tempat]
geradeaus (Adv)	terus	[terus]
zurück (Adv)	kembali	[kembali]
irgendwoher (Adv)	dari mana pun	[dari mana pun]
von irgendwo (Adv)	dari suatu tempat	[dari suatu tempat]
erstens	pertama	[pərtama]
zweitens	kedua	[kedua]
drittens	ketiga	[ketiga]
plötzlich (Adv)	tiba-tiba	[tiba-tiba]
zuerst (Adv)	mula-mula	[mula-mula]
zum ersten Mal	untuk pertama kalinya	[untu' pərtama kalinja]
lange vor...	jauh sebelum ...	[dʒ‍auh sebelum ...]
von Anfang an	kembali	[kembali]
für immer	untuk selama-lamanya	[untu' selama-lamanja]
nie (Adv)	tidak pernah	[tida' pərnah]
wieder (Adv)	lagi, kembali	[lagi], [kembali]
jetzt (Adv)	sekarang	[sekaraŋ]
oft (Adv)	sering, seringkali	[seriŋ], [seriŋkali]
damals (Adv)	ketika itu	[ketika itu]
dringend (Adv)	segera	[segera]
gewöhnlich (Adv)	biasanya	[biasanja]
übrigens, ...	ngomong-ngomong ...	[ŋomoŋ-ŋomoŋ ...]
möglicherweise (Adv)	mungkin	[muŋkin]
wahrscheinlich (Adv)	mungkin	[muŋkin]
vielleicht (Adv)	mungkin	[muŋkin]
außerdem ...	selain itu ...	[selajn itu ...]

deshalb ...	karena itu ...	[karena itu ...]
trotz ...	meskipun ...	[meskipun ...]
dank ...	berkat ...	[berkat ...]

was (~ ist denn?)	apa	[apa]
das (~ ist alles)	bahwa	[bahwa]
etwas	sesuatu	[sesuatu]
irgendwas	sesuatu	[sesuatu]
nichts	tidak sesuatu pun	[tida' sesuatu pun]

wer (~ ist ~?)	siapa	[siapa]
jemand	seseorang	[seseoraŋ]
irgendwer	seseorang	[seseoraŋ]

niemand	tidak seorang pun	[tida' seoraŋ pun]
nirgends	tidak ke mana pun	[tida' ke mana pun]
niemandes (~ Eigentum)	tidak milik siapa pun	[tida' mili' siapa pun]
jemandes	milik seseorang	[mili' seseoraŋ]

so (derart)	sangat	[saŋat]
auch	juga	[dʒʲuga]
ebenfalls	juga	[dʒʲuga]

18. Funktionswörter. Adverbien. Teil 2

Warum?	Mengapa?	[məŋapa?]
aus irgendeinem Grund	entah mengapa	[entah məŋapa]
weil ...	karena ...	[karena ...]
zu irgendeinem Zweck	untuk tujuan tertentu	[untu' tudʒʲuan tərtentu]

und	dan	[dan]
oder	atau	[atau]
aber	tetapi, namun	[tetapi], [namun]
für (präp)	untuk	[untu']

zu (~ viele)	terlalu	[tərlalu]
nur (~ einmal)	hanya	[hanja]
genau (Adv)	tepat	[tepat]
etwa	sekitar	[sekitar]

ungefähr (Adv)	kira-kira	[kira-kira]
ungefähr (Adj)	kira-kira	[kira-kira]
fast	hampir	[hampir]
Übrige (n)	selebihnya, sisanya	[selebihnja], [sisanja]

der andere	kedua	[kedua]
andere	lain	[lain]
jeder (~ Mann)	setiap	[setiap]
beliebig (Adj)	sebarang	[sebaraŋ]
viel	banyak	[banja']
viele Menschen	banyak orang	[banja' oraŋ]
alle (wir ~)	semua	[semua]
im Austausch gegen ...	sebagai ganti ...	[sebagaj ganti ...]
dafür (Adv)	sebagai gantinya	[sebagaj gantinja]

mit der Hand (Hand-)	dengan tangan	[dəŋan taŋan]
schwerlich (Adv)	hampir tidak	[hampir tidaʔ]
wahrscheinlich (Adv)	mungkin	[muŋkin]
absichtlich (Adv)	sengaja	[seŋadʒʲa]
zufällig (Adv)	tidak sengaja	[tidaʔ seŋadʒʲa]
sehr (Adv)	sangat	[saŋat]
zum Beispiel	misalnya	[misalnja]
zwischen	antara	[antara]
unter (Wir sind ~ Mördern)	di antara	[di antara]
so viele (~ Ideen)	banyak sekali	[banjaʔ sekali]
besonders (Adv)	terutama	[tərutama]

Grundbegriffe. Teil 2

19. Wochentage

Deutsch	Indonesisch	Aussprache
Montag (m)	Hari Senin	[hari senin]
Dienstag (m)	Hari Selasa	[hari selasa]
Mittwoch (m)	Hari Rabu	[hari rabu]
Donnerstag (m)	Hari Kamis	[hari kamis]
Freitag (m)	Hari Jumat	[hari dʒʲumat]
Samstag (m)	Hari Sabtu	[hari sabtu]
Sonntag (m)	Hari Minggu	[hari miŋgu]
heute	hari ini	[hari ini]
morgen	besok	[besoʔ]
übermorgen	besok lusa	[besoʔ lusa]
gestern	kemarin	[kemarin]
vorgestern	kemarin dulu	[kemarin dulu]
Tag (m)	hari	[hari]
Arbeitstag (m)	hari kerja	[hari kerdʒʲa]
Feiertag (m)	hari libur	[hari libur]
freier Tag (m)	hari libur	[hari libur]
Wochenende (n)	akhir pekan	[ahir pekan]
den ganzen Tag	seharian	[seharian]
am nächsten Tag	hari berikutnya	[hari bərikutnja]
zwei Tage vorher	dua hari lalu	[dua hari lalu]
am Vortag	hari sebelumnya	[hari sebelumnja]
täglich (Adj)	harian	[harian]
täglich (Adv)	tiap hari	[tiap hari]
Woche (f)	minggu	[miŋgu]
letzte Woche	minggu lalu	[miŋgu lalu]
nächste Woche	minggu berikutnya	[miŋgu bərikutnja]
wöchentlich (Adj)	mingguan	[miŋguan]
wöchentlich (Adv)	tiap minggu	[tiap miŋgu]
zweimal pro Woche	dua kali seminggu	[dua kali semiŋgu]
jeden Dienstag	tiap Hari Selasa	[tiap hari selasa]

20. Stunden. Tag und Nacht

Deutsch	Indonesisch	Aussprache
Morgen (m)	pagi	[pagi]
morgens	pada pagi hari	[pada pagi hari]
Mittag (m)	tengah hari	[teŋah hari]
nachmittags	pada sore hari	[pada sore hari]
Abend (m)	sore, malam	[sore], [malam]
abends	waktu sore	[waktu sore]

Nacht (f)	malam	[malam]
nachts	pada malam hari	[pada malam hari]
Mitternacht (f)	tengah malam	[teŋah malam]
Sekunde (f)	detik	[deti²]
Minute (f)	menit	[menit]
Stunde (f)	jam	[dʒʲam]
eine halbe Stunde	setengah jam	[seteŋah dʒʲam]
Viertelstunde (f)	seperempat jam	[seperempat dʒʲam]
fünfzehn Minuten	lima belas menit	[lima belas menit]
Tag und Nacht	siang-malam	[siaŋ-malam]
Sonnenaufgang (m)	matahari terbit	[matahari tərbit]
Morgendämmerung (f)	subuh	[subuh]
früher Morgen (m)	dini pagi	[dini pagi]
Sonnenuntergang (m)	matahari terbenam	[matahari tərbenam]
früh am Morgen	pagi-pagi	[pagi-pagi]
heute Morgen	pagi ini	[pagi ini]
morgen früh	besok pagi	[beso² pagi]
heute Mittag	sore ini	[sore ini]
nachmittags	pada sore hari	[pada sore hari]
morgen Nachmittag	besok sore	[beso² sore]
heute Abend	sore ini	[sore ini]
morgen Abend	besok malam	[beso² malam]
Punkt drei Uhr	pukul 3 tepat	[pukul tiga tepat]
gegen vier Uhr	sekitar pukul 4	[sekitar pukul empat]
um zwölf Uhr	pada pukul 12	[pada pukul belas]
in zwanzig Minuten	dalam 20 menit	[dalam dua puluh menit]
in einer Stunde	dalam satu jam	[dalam satu dʒʲam]
rechtzeitig (Adv)	tepat waktu	[tepat waktu]
Viertel vor ...	... kurang seperempat	[... kuraŋ seperempat]
innerhalb einer Stunde	selama sejam	[selama sedʒʲam]
alle fünfzehn Minuten	tiap 15 menit	[tiap lima belas menit]
Tag und Nacht	siang-malam	[siaŋ-malam]

21. Monate. Jahreszeiten

Januar (m)	Januari	[dʒʲanuari]
Februar (m)	Februari	[februari]
März (m)	Maret	[maret]
April (m)	April	[april]
Mai (m)	Mei	[mei]
Juni (m)	Juni	[dʒʲuni]
Juli (m)	Juli	[dʒʲuli]
August (m)	Augustus	[augustus]
September (m)	September	[september]
Oktober (m)	Oktober	[oktober]

November (m)	November	[november]
Dezember (m)	Desember	[desember]
Frühling (m)	musim semi	[musim semi]
im Frühling	pada musim semi	[pada musim semi]
Frühlings-	musim semi	[musim semi]
Sommer (m)	musim panas	[musim panas]
im Sommer	pada musim panas	[pada musim panas]
Sommer-	musim panas	[musim panas]
Herbst (m)	musim gugur	[musim gugur]
im Herbst	pada musim gugur	[pada musim gugur]
Herbst-	musim gugur	[musim gugur]
Winter (m)	musim dingin	[musim diŋin]
im Winter	pada musim dingin	[pada musim diŋin]
Winter-	musim dingin	[musim diŋin]
Monat (m)	bulan	[bulan]
in diesem Monat	bulan ini	[bulan ini]
nächsten Monat	bulan depan	[bulan depan]
letzten Monat	bulan lalu	[bulan lalu]
vor einem Monat	sebulan lalu	[sebulan lalu]
über eine Monat	dalam satu bulan	[dalam satu bulan]
in zwei Monaten	dalam 2 bulan	[dalam dua bulan]
den ganzen Monat	sebulan penuh	[sebulan penuh]
monatlich (Adj)	bulanan	[bulanan]
monatlich (Adv)	tiap bulan	[tiap bulan]
jeden Monat	tiap bulan	[tiap bulan]
zweimal pro Monat	dua kali sebulan	[dua kali sebulan]
Jahr (n)	tahun	[tahun]
dieses Jahr	tahun ini	[tahun ini]
nächstes Jahr	tahun depan	[tahun depan]
voriges Jahr	tahun lalu	[tahun lalu]
vor einem Jahr	setahun lalu	[setahun lalu]
in einem Jahr	dalam satu tahun	[dalam satu tahun]
in zwei Jahren	dalam 2 tahun	[dalam dua tahun]
das ganze Jahr	setahun penuh	[setahun penuh]
jedes Jahr	tiap tahun	[tiap tahun]
jährlich (Adj)	tahunan	[tahunan]
jährlich (Adv)	tiap tahun	[tiap tahun]
viermal pro Jahr	empat kali setahun	[empat kali setahun]
Datum (heutige ~)	tanggal	[taŋgal]
Datum (Geburts-)	tanggal	[taŋgal]
Kalender (m)	kalender	[kalender]
ein halbes Jahr	setengah tahun	[seteŋah tahun]
Halbjahr (n)	enam bulan	[enam bulan]
Saison (f)	musim	[musim]
Jahrhundert (n)	abad	[abad]

22. Maßeinheiten

Deutsch	Indonesisch	Aussprache
Gewicht (n)	berat	[berat]
Länge (f)	panjang	[pandʒian]
Breite (f)	lebar	[lebar]
Höhe (f)	ketinggian	[ketiŋgian]
Tiefe (f)	kedalaman	[kedalaman]
Volumen (n)	volume, isi	[volume], [isi]
Fläche (f)	luas	[luas]
Gramm (n)	gram	[gram]
Milligramm (n)	miligram	[miligram]
Kilo (n)	kilogram	[kilogram]
Tonne (f)	ton	[ton]
Pfund (n)	pon	[pon]
Unze (f)	ons	[ons]
Meter (m)	meter	[meter]
Millimeter (m)	milimeter	[milimeter]
Zentimeter (m)	sentimeter	[sentimeter]
Kilometer (m)	kilometer	[kilometer]
Meile (f)	mil	[mil]
Zoll (m)	inci	[intʃi]
Fuß (m)	kaki	[kaki]
Yard (n)	yard	[yard]
Quadratmeter (m)	meter persegi	[meter pərsegi]
Hektar (n)	hektar	[hektar]
Liter (m)	liter	[liter]
Grad (m)	derajat	[deradʒiat]
Volt (n)	volt	[volt]
Ampere (n)	ampere	[ampere]
Pferdestärke (f)	tenaga kuda	[tenaga kuda]
Anzahl (f)	kuantitas	[kuantitas]
etwas ...	sedikit ...	[sedikit ...]
Hälfte (f)	setengah	[sətəŋah]
Dutzend (n)	lusin	[lusin]
Stück (n)	buah	[buah]
Größe (f)	ukuran	[ukuran]
Maßstab (m)	skala	[skala]
minimal (Adj)	minimal	[minimal]
der kleinste	terkecil	[tərketʃil]
mittler, mittel-	sedang	[sedaŋ]
maximal (Adj)	maksimal	[maksimal]
der größte	terbesar	[tərbesar]

23. Behälter

Deutsch	Indonesisch	Aussprache
Glas (Einmachglas)	gelas	[gelas]
Dose (z.B. Bierdose)	kaleng	[kaleŋ]

| Eimer (m) | ember | [ember] |
| Fass (n), Tonne (f) | tong | [toŋ] |

Waschschüssel (n)	baskom	[baskom]
Tank (m)	tangki	[taŋki]
Flachmann (m)	pelples	[pelples]
Kanister (m)	jeriken	[dʒⁱeriken]
Zisterne (f)	tangki	[taŋki]

Kaffeebecher (m)	mangkuk	[maŋkuʔ]
Tasse (f)	cangkir	[tʃaŋkir]
Untertasse (f)	alas cangkir	[alas tʃaŋkir]
Wasserglas (n)	gelas	[gelas]
Weinglas (n)	gelas anggur	[gelas aŋgur]
Kochtopf (m)	panci	[pantʃi]

| Flasche (f) | botol | [botol] |
| Flaschenhals (m) | leher | [leher] |

Karaffe (f)	karaf	[karaf]
Tonkrug (m)	kendi	[kendi]
Gefäß (n)	wadah	[wadah]
Tontopf (m)	pot	[pot]
Vase (f)	vas	[vas]

Flakon (n)	botol	[botol]
Fläschchen (n)	botol kecil	[botol ketʃil]
Tube (z.B. Zahnpasta)	tabung	[tabuŋ]

Sack (~ Kartoffeln)	karung	[karuŋ]
Tüte (z.B. Plastiktüte)	kantong	[kantoŋ]
Schachtel (f) (z.B. Zigaretten~)	bungkus	[buŋkus]

Karton (z.B. Schuhkarton)	kotak, kardus	[kotak], [kardus]
Kiste (z.B. Bananenkiste)	kotak	[kotaʔ]
Korb (m)	bakul	[bakul]

DER MENSCH

Der Mensch. Körper

24. Kopf

Kopf (m)	kepala	[kepala]
Gesicht (n)	wajah	[wadʒ'ah]
Nase (f)	hidung	[hiduŋ]
Mund (m)	mulut	[mulut]
Auge (n)	mata	[mata]
Augen (pl)	mata	[mata]
Pupille (f)	pupil, biji mata	[pupil], [bidʒi mata]
Augenbraue (f)	alis	[alis]
Wimper (f)	bulu mata	[bulu mata]
Augenlid (n)	kelopak mata	[kelopa' mata]
Zunge (f)	lidah	[lidah]
Zahn (m)	gigi	[gigi]
Lippen (pl)	bibir	[bibir]
Backenknochen (pl)	tulang pipi	[tulaŋ pipi]
Zahnfleisch (n)	gusi	[gusi]
Gaumen (m)	langit-langit mulut	[laŋit-laŋit mulut]
Nasenlöcher (pl)	lubang hidung	[lubaŋ hiduŋ]
Kinn (n)	dagu	[dagu]
Kiefer (m)	rahang	[rahaŋ]
Wange (f)	pipi	[pipi]
Stirn (f)	dahi	[dahi]
Schläfe (f)	pelipis	[pelipis]
Ohr (n)	telinga	[teliŋa]
Nacken (m)	tengkuk	[teŋku']
Hals (m)	leher	[leher]
Kehle (f)	tenggorok	[teŋgoro']
Haare (pl)	rambut	[rambut]
Frisur (f)	tatanan rambut	[tatanan rambut]
Haarschnitt (m)	potongan rambut	[potoŋan rambut]
Perücke (f)	wig, rambut palsu	[wig], [rambut palsu]
Schnurrbart (m)	kumis	[kumis]
Bart (m)	janggut	[dʒ'aŋgut]
haben (einen Bart ~)	memelihara	[memelihara]
Zopf (m)	kepang	[kepaŋ]
Backenbart (m)	brewok	[brewo']
rothaarig	merah pirang	[merah piraŋ]
grau	beruban	[bəruban]

kahl	botak, plontos	[botak], [plontos]
Glatze (f)	botak	[botaʔ]
Pferdeschwanz (m)	ekor kuda	[ekor kuda]
Pony (Ponyfrisur)	poni rambut	[poni rambut]

25. Menschlicher Körper

| Hand (f) | tangan | [taŋan] |
| Arm (m) | lengan | [leŋan] |

Finger (m)	jari	[dʒʲari]
Zehe (f)	jari	[dʒʲari]
Daumen (m)	jempol	[dʒʲempol]
kleiner Finger (m)	jari kelingking	[dʒʲari keliŋkiŋ]
Nagel (m)	kuku	[kuku]

Faust (f)	kepalan tangan	[kepalan taŋan]
Handfläche (f)	telapak	[telapaʔ]
Handgelenk (n)	pergelangan	[pergelaŋan]
Unterarm (m)	lengan bawah	[leŋan bawah]
Ellbogen (m)	siku	[siku]
Schulter (f)	bahu	[bahu]

Bein (n)	kaki	[kaki]
Fuß (m)	telapak kaki	[telapaʔ kaki]
Knie (n)	lutut	[lutut]
Wade (f)	betis	[betis]
Hüfte (f)	paha	[paha]
Ferse (f)	tumit	[tumit]

Körper (m)	tubuh	[tubuh]
Bauch (m)	perut	[perut]
Brust (f)	dada	[dada]
Busen (m)	payudara	[pajudara]
Seite (f), Flanke (f)	rusuk	[rusuʔ]
Rücken (m)	punggung	[puŋguŋ]
Kreuz (n)	pinggang bawah	[piŋgaŋ bawah]
Taille (f)	pinggang	[piŋgaŋ]

Nabel (m)	pusar	[pusar]
Gesäßbacken (pl)	pantat	[pantat]
Hinterteil (n)	pantat	[pantat]

Leberfleck (m)	tanda lahir	[tanda lahir]
Muttermal (n)	tanda lahir	[tanda lahir]
Tätowierung (f)	tato	[tato]
Narbe (f)	parut luka	[parut luka]

Kleidung & Accessoires

26. Oberbekleidung. Mäntel

Kleidung (f)	pakaian	[pakajan]
Oberkleidung (f)	pakaian luar	[pakajan luar]
Winterkleidung (f)	pakaian musim dingin	[pakajan musim diŋin]
Mantel (m)	mantel	[mantel]
Pelzmantel (m)	mantel bulu	[mantel bulu]
Pelzjacke (f)	jaket bulu	[dʒʲaket bulu]
Daunenjacke (f)	jaket bulu halus	[dʒʲaket bulu halus]
Jacke (z.B. Lederjacke)	jaket	[dʒʲaket]
Regenmantel (m)	jas hujan	[dʒʲas hudʒʲan]
wasserdicht	kedap air	[kedap air]

27. Men's & women's clothing

Hemd (n)	kemeja	[kemedʒʲa]
Hose (f)	celana	[tʃelana]
Jeans (pl)	celana jins	[tʃelana dʒins]
Jackett (n)	jas	[dʒʲas]
Anzug (m)	setelan	[setelan]
Damenkleid (n)	gaun	[gaun]
Rock (m)	rok	[roʔ]
Bluse (f)	blus	[blus]
Strickjacke (f)	jaket wol	[dʒʲaket wol]
Jacke (Damen Kostüm)	jaket	[dʒʲaket]
T-Shirt (n)	baju kaus	[badʒʲu kaus]
Shorts (pl)	celana pendek	[tʃelana pendeʔ]
Sportanzug (m)	pakaian olahraga	[pakajan olahraga]
Bademantel (m)	jubah mandi	[dʒʲubah mandi]
Schlafanzug (m)	piyama	[piyama]
Sweater (m)	sweter	[sweter]
Pullover (m)	pulover	[pulover]
Weste (f)	rompi	[rompi]
Frack (m)	jas berbuntut	[dʒʲas berbuntut]
Smoking (m)	jas malam	[dʒʲas malam]
Uniform (f)	seragam	[seragam]
Arbeitskleidung (f)	pakaian kerja	[pakajan kerdʒʲa]
Overall (m)	baju monyet	[badʒʲu monjet]
Kittel (z.B. Arztkittel)	jas	[dʒʲas]

28. Kleidung. Unterwäsche

Unterwäsche (f)	pakaian dalam	[pakajan dalam]
Herrenslip (m)	celana dalam lelaki	[tʃelana dalam lelaki]
Damenslip (m)	celana dalam wanita	[tʃelana dalam wanita]
Unterhemd (n)	singlet	[siŋlet]
Socken (pl)	kaus kaki	[kaus kaki]
Nachthemd (n)	baju tidur	[badʒʲu tidur]
Büstenhalter (m)	beha	[beha]
Kniestrümpfe (pl)	kaus kaki selutut	[kaus kaki selutut]
Strumpfhose (f)	pantihos	[pantihos]
Strümpfe (pl)	kaus kaki panjang	[kaus kaki pandʒʲaŋ]
Badeanzug (m)	baju renang	[badʒʲu renaŋ]

29. Kopfbekleidung

Mütze (f)	topi	[topi]
Filzhut (m)	topi bulat	[topi bulat]
Baseballkappe (f)	topi bisbol	[topi bisbol]
Schiebermütze (f)	topi pet	[topi pet]
Baskenmütze (f)	baret	[baret]
Kapuze (f)	kerudung kepala	[kerduŋ kepala]
Panamahut (m)	topi panama	[topi panama]
Strickmütze (f)	topi rajut	[topi radʒʲut]
Kopftuch (n)	tudung kepala	[tuduŋ kepala]
Damenhut (m)	topi wanita	[topi wanita]
Schutzhelm (m)	topi baja	[topi badʒʲa]
Feldmütze (f)	topi lipat	[topi lipat]
Helm (z.B. Motorradhelm)	helm	[helm]
Melone (f)	topi bulat	[topi bulat]
Zylinder (m)	topi tinggi	[topi tiŋgi]

30. Schuhwerk

Schuhe (pl)	sepatu	[sepatu]
Stiefeletten (pl)	sepatu bot	[sepatu bot]
Halbschuhe (pl)	sepatu wanita	[sepatu wanita]
Stiefel (pl)	sepatu lars	[sepatu lars]
Hausschuhe (pl)	pantofel	[pantofel]
Tennisschuhe (pl)	sepatu tenis	[sepatu tenis]
Leinenschuhe (pl)	sepatu kets	[sepatu kets]
Sandalen (pl)	sandal	[sandal]
Schuster (m)	tukang sepatu	[tukaŋ sepatu]
Absatz (m)	tumit	[tumit]

Paar (n)	sepasang	[sepasaŋ]
Schnürsenkel (m)	tali sepatu	[tali sepatu]
schnüren (vt)	mengikat tali	[məŋikat tali]
Schuhlöffel (m)	sendok sepatu	[sendoʔ sepatu]
Schuhcreme (f)	semir sepatu	[semir sepatu]

31. Persönliche Accessoires

Handschuhe (pl)	sarung tangan	[saruŋ taŋan]
Fausthandschuhe (pl)	sarung tangan	[saruŋ taŋan]
Schal (Kaschmir-)	selendang	[selendaŋ]

Brille (f)	kacamata	[katʃamata]
Brillengestell (n)	bingkai	[biŋkaj]
Regenschirm (m)	payung	[pajuŋ]
Spazierstock (m)	tongkat jalan	[toŋkat dʒˈalan]
Haarbürste (f)	sikat rambut	[sikat rambut]
Fächer (m)	kipas	[kipas]

Krawatte (f)	dasi	[dasi]
Fliege (f)	dasi kupu-kupu	[dasi kupu-kupu]
Hosenträger (pl)	bretel	[bretel]
Taschentuch (n)	sapu tangan	[sapu taŋan]

Kamm (m)	sisir	[sisir]
Haarspange (f)	jepit rambut	[dʒˈepit rambut]
Haarnadel (f)	harnal	[harnal]
Schnalle (f)	gesper	[gesper]

| Gürtel (m) | sabuk | [sabuʔ] |
| Umhängegurt (m) | tali tas | [tali tas] |

Tasche (f)	tas	[tas]
Handtasche (f)	tas tangan	[tas taŋan]
Rucksack (m)	ransel	[ransel]

32. Kleidung. Verschiedenes

Mode (f)	mode	[mode]
modisch	modis	[modis]
Modedesigner (m)	perancang busana	[perantʃaŋ busana]

Kragen (m)	kerah	[kerah]
Tasche (f)	saku	[saku]
Taschen-	saku	[saku]
Ärmel (m)	lengan	[leŋan]
Aufhänger (m)	tali kait	[tali kait]
Hosenschlitz (m)	golbi	[golbi]

Reißverschluss (m)	ritsleting	[ritsletiŋ]
Verschluss (m)	kancing	[kantʃiŋ]
Knopf (m)	kancing	[kantʃiŋ]

| Knopfloch (n) | lubang kancing | [lubaŋ kantʃin] |
| abgehen (Knopf usw.) | terlepas | [tərlepas] |

nähen (vi, vt)	menjahit	[məndʒˡahit]
sticken (vt)	membordir	[membordir]
Stickerei (f)	bordiran	[bordiran]
Nadel (f)	jarum	[dʒˡarum]
Faden (m)	benang	[benaŋ]
Naht (f)	setik	[setiʔ]

sich beschmutzen	kena kotor	[kena kotor]
Fleck (m)	bercak	[bertʃaʔ]
sich knittern	kumal	[kumal]
zerreißen (vt)	merobek	[merobeʔ]
Motte (f)	ngengat	[ŋeŋat]

33. Kosmetikartikel. Kosmetik

Zahnpasta (f)	pasta gigi	[pasta gigi]
Zahnbürste (f)	sikat gigi	[sikat gigi]
Zähne putzen	menggosok gigi	[məŋgoso' gigi]

Rasierer (m)	pisau cukur	[pisau tʃukur]
Rasiercreme (f)	krim cukur	[krim tʃukur]
sich rasieren	bercukur	[bərtʃukur]

| Seife (f) | sabun | [sabun] |
| Shampoo (n) | sampo | [sampo] |

Schere (f)	gunting	[guntiŋ]
Nagelfeile (f)	kikir kuku	[kikir kuku]
Nagelzange (f)	pemotong kuku	[pemotoŋ kuku]
Pinzette (f)	pinset	[pinset]

Kosmetik (f)	kosmetik	[kosmetiʔ]
Gesichtsmaske (f)	masker	[masker]
Maniküre (f)	manikur	[manikur]
Maniküre machen	melakukan manikur	[melakukan manikur]
Pediküre (f)	pedi	[pedi]

Kosmetiktasche (f)	tas kosmetik	[tas kosmetiʔ]
Puder (m)	bedak	[bedaʔ]
Puderdose (f)	kotak bedak	[kota' bedaʔ]
Rouge (n)	perona pipi	[pərona pipi]

Parfüm (n)	parfum	[parfum]
Duftwasser (n)	minyak wangi	[minja' waŋi]
Lotion (f)	losion	[losjon]
Kölnischwasser (n)	kolonye	[kolone]

Lidschatten (m)	pewarna mata	[pewarna mata]
Kajalstift (m)	pensil alis	[pensil alis]
Wimperntusche (f)	celak	[tʃelaʔ]
Lippenstift (m)	lipstik	[lipstiʔ]

Deutsch	Indonesisch	Aussprache
Nagellack (m)	kuteks, cat kuku	[kuteks], [tʃat kuku]
Haarlack (m)	semprotan rambut	[semprotan rambut]
Deodorant (n)	deodoran	[deodoran]
Creme (f)	krim	[krim]
Gesichtscreme (f)	krim wajah	[krim wadʒʲah]
Handcreme (f)	krim tangan	[krim taŋan]
Anti-Falten-Creme (f)	krim antikerut	[krim antikerut]
Tagescreme (f)	krim siang	[krim siaŋ]
Nachtcreme (f)	krim malam	[krim malam]
Tages-	siang	[siaŋ]
Nacht-	malam	[malam]
Tampon (m)	tampon	[tampon]
Toilettenpapier (n)	kertas toilet	[kertas toylet]
Föhn (m)	pengering rambut	[peŋeriŋ rambut]

34. Armbanduhren Uhren

Deutsch	Indonesisch	Aussprache
Armbanduhr (f)	arloji	[arlodʒi]
Zifferblatt (n)	piringan jam	[piriŋan dʒʲam]
Zeiger (m)	jarum	[dʒʲarum]
Metallarmband (n)	rantai arloji	[rantaj arlodʒi]
Uhrenarmband (n)	tali arloji	[tali arlodʒi]
Batterie (f)	baterai	[bateraj]
verbraucht sein	mati	[mati]
die Batterie wechseln	mengganti baterai	[meŋganti bateraj]
vorgehen (vi)	cepat	[tʃepat]
nachgehen (vi)	terlambat	[terlambat]
Wanduhr (f)	jam dinding	[dʒʲam dindiŋ]
Sanduhr (f)	jam pasir	[dʒʲam pasir]
Sonnenuhr (f)	jam matahari	[dʒʲam matahari]
Wecker (m)	weker	[weker]
Uhrmacher (m)	tukang jam	[tukaŋ dʒʲam]
reparieren (vt)	mereparasi, memperbaiki	[mereparasi], [memperbajki]

Essen. Ernährung

35. Essen

Fleisch (n)	daging	[dagiŋ]
Hühnerfleisch (n)	ayam	[ajam]
Küken (n)	anak ayam	[ana' ajam]
Ente (f)	bebek	[bebe']
Gans (f)	angsa	[aŋsa]
Wild (n)	binatang buruan	[binataŋ buruan]
Pute (f)	kalkun	[kalkun]
Schweinefleisch (n)	daging babi	[dagiŋ babi]
Kalbfleisch (n)	daging anak sapi	[dagiŋ ana' sapi]
Hammelfleisch (n)	daging domba	[dagiŋ domba]
Rindfleisch (n)	daging sapi	[dagiŋ sapi]
Kaninchenfleisch (n)	kelinci	[kelintʃi]
Wurst (f)	sosis	[sosis]
Würstchen (n)	sosis	[sosis]
Schinkenspeck (m)	bakon	[beykon]
Schinken (m)	ham, daging kornet	[ham], [dagiŋ kornet]
Räucherschinken (m)	ham	[ham]
Pastete (f)	pasta	[pasta]
Leber (f)	hati	[hati]
Hackfleisch (n)	daging giling	[dagiŋ giliŋ]
Zunge (f)	lidah	[lidah]
Ei (n)	telur	[telur]
Eier (pl)	telur	[telur]
Eiweiß (n)	putih telur	[putih telur]
Eigelb (n)	kuning telur	[kuniŋ telur]
Fisch (m)	ikan	[ikan]
Meeresfrüchte (pl)	makanan laut	[makanan laut]
Krebstiere (pl)	krustasea	[krustasea]
Kaviar (m)	caviar	[kaviar]
Krabbe (f)	kepiting	[kepitiŋ]
Garnele (f)	udang	[udaŋ]
Auster (f)	tiram	[tiram]
Languste (f)	lobster berduri	[lobster bərduri]
Krake (m)	gurita	[gurita]
Kalmar (m)	cumi-cumi	[tʃumi-tʃumi]
Störfleisch (n)	ikan sturgeon	[ikan sturdʒien]
Lachs (m)	salmon	[salmon]
Heilbutt (m)	ikan turbot	[ikan turbot]
Dorsch (m)	ikan kod	[ikan kod]

Makrele (f)	ikan kembung	[ikan kembuŋ]
Tunfisch (m)	tuna	[tuna]
Aal (m)	belut	[belut]
Forelle (f)	ikan forel	[ikan forel]
Sardine (f)	sarden	[sarden]
Hecht (m)	ikan pike	[ikan paik]
Hering (m)	ikan haring	[ikan hariŋ]
Brot (n)	roti	[roti]
Käse (m)	keju	[kedʒʲu]
Zucker (m)	gula	[gula]
Salz (n)	garam	[garam]
Reis (m)	beras, nasi	[beras], [nasi]
Teigwaren (pl)	makaroni	[makaroni]
Nudeln (pl)	mi	[mi]
Butter (f)	mentega	[məntega]
Pflanzenöl (n)	minyak nabati	[minjaʔ nabati]
Sonnenblumenöl (n)	minyak bunga matahari	[minjaʔ buŋa matahari]
Margarine (f)	margarin	[margarin]
Oliven (pl)	buah zaitun	[buah zajtun]
Olivenöl (n)	minyak zaitun	[minjaʔ zajtun]
Milch (f)	susu	[susu]
Kondensmilch (f)	susu kental	[susu kental]
Joghurt (m)	yogurt	[yogurt]
saure Sahne (f)	krim asam	[krim asam]
Sahne (f)	krim, kepala susu	[krim], [kepala susu]
Mayonnaise (f)	mayones	[majones]
Buttercreme (f)	krim	[krim]
Grütze (f)	menir	[menir]
Mehl (n)	tepung	[tepuŋ]
Konserven (pl)	makanan kalengan	[makanan kaleŋan]
Maisflocken (pl)	emping jagung	[empiŋ dʒʲaguŋ]
Honig (m)	madu	[madu]
Marmelade (f)	selai	[selaj]
Kaugummi (m, n)	permen karet	[pərmen karet]

36. Getränke

Wasser (n)	air	[air]
Trinkwasser (n)	air minum	[air minum]
Mineralwasser (n)	air mineral	[air mineral]
still	tanpa gas	[tanpa gas]
mit Kohlensäure	berkarbonasi	[bərkarbonasi]
mit Gas	bergas	[bərgas]
Eis (n)	es	[es]

mit Eis	dengan es	[deŋan es]
alkoholfrei (Adj)	tanpa alkohol	[tanpa alkohol]
alkoholfreies Getränk (n)	minuman ringan	[minuman riŋan]
Erfrischungsgetränk (n)	minuman penygar	[minuman penigar]
Limonade (f)	limun	[limun]
Spirituosen (pl)	minoman beralkohol	[minoman beralkohol]
Wein (m)	anggur	[aŋgur]
Weißwein (m)	anggur putih	[aŋgur putih]
Rotwein (m)	anggur merah	[aŋgur merah]
Likör (m)	likeur	[likeur]
Champagner (m)	sampanye	[sampanje]
Wermut (m)	vermouth	[vermut]
Whisky (m)	wiski	[wiski]
Wodka (m)	vodka	[vodka]
Gin (m)	jin, jenewer	[dʒin], [dʒʲenewer]
Kognak (m)	konyak	[konjaʔ]
Rum (m)	rum	[rum]
Kaffee (m)	kopi	[kopi]
schwarzer Kaffee (m)	kopi pahit	[kopi pahit]
Milchkaffee (m)	kopi susu	[kopi susu]
Cappuccino (m)	cappuccino	[kaputʃino]
Pulverkaffee (m)	kopi instan	[kopi instan]
Milch (f)	susu	[susu]
Cocktail (m)	koktail	[koktajl]
Milchcocktail (m)	susu kocok	[susu kotʃoʔ]
Saft (m)	jus	[dʒʲus]
Tomatensaft (m)	jus tomat	[dʒʲus tomat]
Orangensaft (m)	jus jeruk	[dʒʲus dʒʲeruʔ]
frisch gepresster Saft (m)	jus peras	[dʒʲus peras]
Bier (n)	bir	[bir]
Helles (n)	bir putih	[bir putih]
Dunkelbier (n)	bir hitam	[bir hitam]
Tee (m)	teh	[teh]
schwarzer Tee (m)	teh hitam	[teh hitam]
grüner Tee (m)	teh hijau	[teh hidʒʲau]

37. Gemüse

Gemüse (n)	sayuran	[sajuran]
grünes Gemüse (pl)	sayuran hijau	[sajuran hidʒʲau]
Tomate (f)	tomat	[tomat]
Gurke (f)	mentimun, ketimun	[məntimun], [ketimun]
Karotte (f)	wortel	[wortel]
Kartoffel (f)	kentang	[kentaŋ]
Zwiebel (f)	bawang	[bawaŋ]

Knoblauch (m)	bawang putih	[bawaŋ putih]
Kohl (m)	kol	[kol]
Blumenkohl (m)	kembang kol	[kembaŋ kol]
Rosenkohl (m)	kol Brussels	[kol brusels]
Brokkoli (m)	brokoli	[brokoli]
Rote Bete (f)	ubi bit merah	[ubi bit merah]
Aubergine (f)	terung, terong	[teruŋ], [teroŋ]
Zucchini (f)	labu siam	[labu siam]
Kürbis (m)	labu	[labu]
Rübe (f)	turnip	[turnip]
Petersilie (f)	peterseli	[peterseli]
Dill (m)	adas sowa	[adas sowa]
Kopf Salat (m)	selada	[selada]
Sellerie (m)	seledri	[seledri]
Spargel (m)	asparagus	[asparagus]
Spinat (m)	bayam	[bajam]
Erbse (f)	kacang polong	[katʃaŋ poloŋ]
Bohnen (pl)	kacang-kacangan	[katʃaŋ-katʃaŋan]
Mais (m)	jagung	[dʒ'aguŋ]
weiße Bohne (f)	kacang buncis	[katʃaŋ buntʃis]
Paprika (m)	cabai	[tʃabaj]
Radieschen (n)	radis	[radis]
Artischocke (f)	artisyok	[artiʃo']

38. Obst. Nüsse

Frucht (f)	buah	[buah]
Apfel (m)	apel	[apel]
Birne (f)	pir	[pir]
Zitrone (f)	jeruk sitrun	[dʒ'eru' sitrun]
Apfelsine (f)	jeruk manis	[dʒ'eru' manis]
Erdbeere (f)	stroberi	[stroberi]
Mandarine (f)	jeruk mandarin	[dʒ'eru' mandarin]
Pflaume (f)	plum	[plum]
Pfirsich (m)	persik	[persi']
Aprikose (f)	aprikot	[aprikot]
Himbeere (f)	buah frambus	[buah frambus]
Ananas (f)	nanas	[nanas]
Banane (f)	pisang	[pisaŋ]
Wassermelone (f)	semangka	[semaŋka]
Weintrauben (pl)	buah anggur	[buah aŋgur]
Sauerkirsche (f)	buah ceri asam	[buah tʃeri asam]
Süßkirsche (f)	buah ceri manis	[buah tʃeri manis]
Melone (f)	melon	[melon]
Grapefruit (f)	jeruk Bali	[dʒ'eru' bali]
Avocado (f)	avokad	[avokad]
Papaya (f)	pepaya	[pepaja]

Mango (f)	mangga	[maŋga]
Granatapfel (m)	buah delima	[buah delima]
rote Johannisbeere (f)	redcurrant	[redkaren]
schwarze Johannisbeere (f)	blackcurrant	[bleʔkaren]
Stachelbeere (f)	buah arbei hijau	[buah arbei hidʒʲau]
Heidelbeere (f)	buah bilberi	[buah bilberi]
Brombeere (f)	beri hitam	[beri hitam]
Rosinen (pl)	kismis	[kismis]
Feige (f)	buah ara	[buah ara]
Dattel (f)	buah kurma	[buah kurma]
Erdnuss (f)	kacang tanah	[katʃaŋ tanah]
Mandel (f)	badam	[badam]
Walnuss (f)	buah walnut	[buah walnut]
Haselnuss (f)	kacang hazel	[katʃaŋ hazel]
Kokosnuss (f)	buah kelapa	[buah kelapa]
Pistazien (pl)	badam hijau	[badam hidʒʲau]

39. Brot. Süßigkeiten

Konditorwaren (pl)	kue-mue	[kue-mue]
Brot (n)	roti	[roti]
Keks (m, n)	biskuit	[biskuit]
Schokolade (f)	cokelat	[tʃokelat]
Schokoladen-	cokelat	[tʃokelat]
Bonbon (m, n)	permen	[pərmen]
Kuchen (m)	kue	[kue]
Torte (f)	kue tar	[kue tar]
Kuchen (Apfel-)	pai	[pai]
Füllung (f)	inti	[inti]
Konfitüre (f)	selai buah utuh	[selaj buah utuh]
Marmelade (f)	marmelade	[marmelade]
Waffeln (pl)	wafel	[wafel]
Eis (n)	es krim	[es krim]
Pudding (m)	puding	[pudiŋ]

40. Gerichte

Gericht (n)	masakan, hidangan	[masakan], [hidaŋan]
Küche (f)	masakan	[masakan]
Rezept (n)	resep	[resep]
Portion (f)	porsi	[porsi]
Salat (m)	salada	[salada]
Suppe (f)	sup	[sup]
Brühe (f), Bouillon (f)	kaldu	[kaldu]
belegtes Brot (n)	roti lapis	[roti lapis]

Spiegelei (n)	telur mata sapi	[telur mata sapi]
Hamburger (m)	hamburger	[hamburger]
Beefsteak (n)	bistik	[bistiʔ]
Beilage (f)	lauk	[lauʔ]
Spaghetti (pl)	spageti	[spageti]
Kartoffelpüree (n)	kentang tumbuk	[kentaŋ tumbuʔ]
Pizza (f)	piza	[piza]
Brei (m)	bubur	[bubur]
Omelett (n)	telur dadar	[telur dadar]
gekocht	rebus	[rebus]
geräuchert	asap	[asap]
gebraten	goreng	[goreŋ]
getrocknet	kering	[keriŋ]
tiefgekühlt	beku	[beku]
mariniert	marinade	[marinade]
süß	manis	[manis]
salzig	asin	[asin]
kalt	dingin	[diŋin]
heiß	panas	[panas]
bitter	pahit	[pahit]
lecker	enak	[enaʔ]
kochen (vt)	merebus	[merebus]
zubereiten (vt)	memasak	[memasaʔ]
braten (vt)	menggoreng	[məŋgoreŋ]
aufwärmen (vt)	memanaskan	[memanaskan]
salzen (vt)	menggarami	[məŋgarami]
pfeffern (vt)	membubuh merica	[membubuh meritʃa]
reiben (vt)	memarut	[memarut]
Schale (f)	kulit	[kulit]
schälen (vt)	mengupas	[məŋupas]

41. Gewürze

Salz (n)	garam	[garam]
salzig (Adj)	asin	[asin]
salzen (vt)	menggarami	[məŋgarami]
schwarzer Pfeffer (m)	merica	[meritʃa]
roter Pfeffer (m)	cabai merah	[tʃabaj merah]
Senf (m)	mustar	[mustar]
Meerrettich (m)	lobak pedas	[lobaʔ pedas]
Gewürz (n)	bumbu	[bumbu]
Gewürz (n)	rempah-rempah	[rempah-rempah]
Soße (f)	saus	[saus]
Essig (m)	cuka	[tʃuka]
Anis (m)	adas manis	[adas manis]
Basilikum (n)	selasih	[selasih]

Nelke (f)	cengkih	[tʃeŋkih]
Ingwer (m)	jahe	[dʒʲahe]
Koriander (m)	ketumbar	[ketumbar]
Zimt (m)	kayu manis	[kaju manis]

Sesam (m)	wijen	[widʒʲen]
Lorbeerblatt (n)	daun salam	[daun salam]
Paprika (m)	cabai	[tʃabaj]
Kümmel (m)	jintan	[dʒintan]
Safran (m)	kuma-kuma	[kuma-kuma]

42. Mahlzeiten

| Essen (n) | makanan | [makanan] |
| essen (vi, vt) | makan | [makan] |

Frühstück (n)	makan pagi, sarapan	[makan pagi], [sarapan]
frühstücken (vi)	sarapan	[sarapan]
Mittagessen (n)	makan siang	[makan siaŋ]
zu Mittag essen	makan siang	[makan siaŋ]
Abendessen (n)	makan malam	[makan malam]
zu Abend essen	makan malam	[makan malam]

| Appetit (m) | nafsu makan | [nafsu makan] |
| Guten Appetit! | Selamat makan! | [selamat makan!] |

| öffnen (vt) | membuka | [membuka] |
| verschütten (vt) | menumpahkan | [mənumpahkan] |

kochen (vi)	mendidih	[məndidih]
kochen (Wasser ~)	mendidihkan	[məndidihkan]
gekocht (Adj)	masak	[masaʔ]

| kühlen (vt) | mendinginkan | [məndiŋinkan] |
| abkühlen (vi) | mendingin | [məndiŋin] |

| Geschmack (m) | rasa | [rasa] |
| Beigeschmack (m) | nuansa rasa | [nuansa rasa] |

auf Diät sein	berdiet	[berdiet]
Diät (f)	diet, pola makan	[diet], [pola makan]
Vitamin (n)	vitamin	[vitamin]
Kalorie (f)	kalori	[kalori]

| Vegetarier (m) | vegetarian | [vegetarian] |
| vegetarisch (Adj) | vegetarian | [vegetarian] |

Fett (n)	lemak	[lemaʔ]
Protein (n)	protein	[protein]
Kohlenhydrat (n)	karbohidrat	[karbohidrat]

Scheibchen (n)	irisan	[irisan]
Stück (ein ~ Kuchen)	potongan	[potoŋan]
Krümel (m)	remah	[remah]

43. Gedeck

Löffel (m)	sendok	[sendoʔ]
Messer (n)	pisau	[pisau]
Gabel (f)	garpu	[garpu]
Tasse (eine ~ Tee)	cangkir	[ʧaŋkir]
Teller (m)	piring	[piriŋ]
Untertasse (f)	alas cangkir	[alas ʧaŋkir]
Serviette (f)	serbet	[serbet]
Zahnstocher (m)	tusuk gigi	[tusuʔ gigi]

44. Restaurant

Restaurant (n)	restoran	[restoran]
Kaffeehaus (n)	warung kopi	[waruŋ kopi]
Bar (f)	bar	[bar]
Teesalon (m)	warung teh	[waruŋ teh]
Kellner (m)	pelayan lelaki	[pelajan lelaki]
Kellnerin (f)	pelayan perempuan	[pelajan pərempuan]
Barmixer (m)	pelayan bar	[pelajan bar]
Speisekarte (f)	menu	[menu]
Weinkarte (f)	daftar anggur	[daftar aŋgur]
einen Tisch reservieren	memesan meja	[memesan medʒ'a]
Gericht (n)	masakan, hidangan	[masakan], [hidaŋan]
bestellen (vt)	memesan	[memesan]
eine Bestellung aufgeben	memesan	[memesan]
Aperitif (m)	aperitif	[aperitif]
Vorspeise (f)	makanan ringan	[makanan riŋan]
Nachtisch (m)	hidangan penutup	[hidaŋan penutup]
Rechnung (f)	bon	[bon]
Rechnung bezahlen	membayar bon	[membajar bon]
das Wechselgeld geben	memberikan uang kembalian	[memberikan uaŋ kembalian]
Trinkgeld (n)	tip	[tip]

Familie, Verwandte und Freunde

45. Persönliche Informationen. Formulare

Vorname (m)	nama, nama depan	[nama], [nama depan]
Name (m)	nama keluarga	[nama keluarga]
Geburtsdatum (n)	tanggal lahir	[taŋgal lahir]
Geburtsort (m)	tempat lahir	[tempat lahir]
Nationalität (f)	kebangsaan	[kebaŋsaʔan]
Wohnort (m)	tempat tinggal	[tempat tiŋgal]
Land (n)	negara, negeri	[negara], [negeri]
Beruf (m)	profesi	[profesi]
Geschlecht (n)	jenis kelamin	[dʒienis kelamin]
Größe (f)	tinggi badan	[tiŋgi badan]
Gewicht (n)	berat	[berat]

46. Familienmitglieder. Verwandte

Mutter (f)	ibu	[ibu]
Vater (m)	ayah	[ajah]
Sohn (m)	anak lelaki	[anaʔ lelaki]
Tochter (f)	anak perempuan	[anaʔ perempuan]
jüngste Tochter (f)	anak perempuan bungsu	[anaʔ perempuan buŋsu]
jüngste Sohn (m)	anak lelaki bungsu	[anaʔ lelaki buŋsu]
ältere Tochter (f)	anak perempuan sulung	[anaʔ perempuan suluŋ]
älterer Sohn (m)	anak lelaki sulung	[anaʔ lelaki suluŋ]
Bruder (m)	saudara lelaki	[saudara lelaki]
älterer Bruder (m)	kakak lelaki	[kakaʔ lelaki]
jüngerer Bruder (m)	adik lelaki	[adiʔ lelaki]
Schwester (f)	saudara perempuan	[saudara perempuan]
ältere Schwester (f)	kakak perempuan	[kakaʔ perempuan]
jüngere Schwester (f)	adik perempuan	[adiʔ perempuan]
Cousin (m)	sepupu lelaki	[sepupu lelaki]
Cousine (f)	sepupu perempuan	[sepupu perempuan]
Mama (f)	mama, ibu	[mama], [ibu]
Papa (m)	papa, ayah	[papa], [ajah]
Eltern (pl)	orang tua	[oraŋ tua]
Kind (n)	anak	[anaʔ]
Kinder (pl)	anak-anak	[anaʔ-anaʔ]
Großmutter (f)	nenek	[nenéʔ]
Großvater (m)	kakek	[kakéʔ]

Enkel (m)	cucu laki-laki	[tʃutʃu laki-laki]
Enkelin (f)	cucu perempuan	[tʃutʃu perempuan]
Enkelkinder (pl)	cucu	[tʃutʃu]
Onkel (m)	paman	[paman]
Tante (f)	bibi	[bibi]
Neffe (m)	keponakan laki-laki	[keponakan laki-laki]
Nichte (f)	keponakan perempuan	[keponakan perempuan]
Schwiegermutter (f)	ibu mertua	[ibu mertua]
Schwiegervater (m)	ayah mertua	[ajah mertua]
Schwiegersohn (m)	menantu laki-laki	[menantu laki-laki]
Stiefmutter (f)	ibu tiri	[ibu tiri]
Stiefvater (m)	ayah tiri	[ajah tiri]
Säugling (m)	bayi	[baji]
Kleinkind (n)	bayi	[baji]
Kleine (m)	bocah cilik	[botʃah tʃili']
Frau (f)	istri	[istri]
Mann (m)	suami	[suami]
Ehemann (m)	suami	[suami]
Gemahlin (f)	istri	[istri]
verheiratet (Ehemann)	menikah, beristri	[menikah], [beristri]
verheiratet (Ehefrau)	menikah, bersuami	[menikah], [bersuami]
ledig	bujang	[budʒʲaŋ]
Junggeselle (m)	bujang	[budʒʲaŋ]
geschieden (Adj)	bercerai	[bertʃeraj]
Witwe (f)	janda	[dʒʲanda]
Witwer (m)	duda	[duda]
Verwandte (m)	kerabat	[kerabat]
naher Verwandter (m)	kerabat dekat	[kerabat dekat]
entfernter Verwandter (m)	kerabat jauh	[kerabat dʒʲauh]
Verwandte (pl)	kerabat, sanak saudara	[kerabat], [sana' saudara]
Waise (m, f)	yatim piatu	[yatim piatu]
Vormund (m)	wali	[wali]
adoptieren (einen Jungen)	mengadopsi	[meŋadopsi]
adoptieren (ein Mädchen)	mengadopsi	[meŋadopsi]

Medizin

47. Krankheiten

Krankheit (f)	penyakit	[penjakit]
krank sein	sakit	[sakit]
Gesundheit (f)	kesehatan	[kesehatan]
Schnupfen (m)	hidung meler	[hiduŋ meler]
Angina (f)	radang tonsil	[radaŋ tonsil]
Erkältung (f)	pilek, selesma	[pilek], [selesma]
sich erkälten	masuk angin	[masu' aŋin]
Bronchitis (f)	bronkitis	[bronkitis]
Lungenentzündung (f)	radang paru-paru	[radaŋ paru-paru]
Grippe (f)	flu	[flu]
kurzsichtig	rabun jauh	[rabun dʒˈauh]
weitsichtig	rabun dekat	[rabun dekat]
Schielen (n)	mata juling	[mata dʒˈuliŋ]
schielend (Adj)	bermata juling	[bermata dʒˈuliŋ]
grauer Star (m)	katarak	[katara']
Glaukom (n)	glaukoma	[glaukoma]
Schlaganfall (m)	stroke	[stroke]
Infarkt (m)	infark	[infar']
Herzinfarkt (m)	serangan jantung	[seraŋan dʒˈantuŋ]
Lähmung (f)	kelumpuhan	[kelumpuhan]
lähmen (vt)	melumpuhkan	[melumpuhkan]
Allergie (f)	alergi	[alergi]
Asthma (n)	asma	[asma]
Diabetes (m)	diabetes	[diabetes]
Zahnschmerz (m)	sakit gigi	[sakit gigi]
Karies (f)	karies	[karies]
Durchfall (m)	diare	[diare]
Verstopfung (f)	konstipasi, sembelit	[konstipasi], [sembelit]
Magenverstimmung (f)	gangguan pencernaan	[gaŋuan pentʃarna'an]
Vergiftung (f)	keracunan makanan	[keratʃunan makanan]
Vergiftung bekommen	keracunan makanan	[keratʃunan makanan]
Arthritis (f)	artritis	[artritis]
Rachitis (f)	rakitis	[rakitis]
Rheumatismus (m)	rematik	[remati']
Atherosklerose (f)	aterosklerosis	[aterosklerosis]
Gastritis (f)	radang perut	[radaŋ pərut]
Blinddarmentzündung (f)	apendisitis	[apendisitis]

Cholezystitis (f)	radang pundi empedu	[radaŋ pundi empedu]
Geschwür (n)	tukak lambung	[tuka' lambuŋ]

Masern (pl)	penyakit campak	[penjakit tʃampa']
Röteln (pl)	penyakit campak Jerman	[penjakit tʃampa' dʒ'erman]
Gelbsucht (f)	sakit kuning	[sakit kuniŋ]
Hepatitis (f)	hepatitis	[hepatitis]

Schizophrenie (f)	skizofrenia	[skizofrenia]
Tollwut (f)	rabies	[rabies]
Neurose (f)	neurosis	[neurosis]
Gehirnerschütterung (f)	gegar otak	[gegar ota']

Krebs (m)	kanker	[kanker]
Sklerose (f)	sklerosis	[sklerosis]
multiple Sklerose (f)	sklerosis multipel	[sklerosis multipel]

Alkoholismus (m)	alkoholisme	[alkoholisme]
Alkoholiker (m)	alkoholik	[alkoholi']
Syphilis (f)	sifilis	[sifilis]
AIDS	AIDS	[ajds]

Tumor (m)	tumor	[tumor]
bösartig	ganas	[ganas]
gutartig	jinak	[dʒina']

Fieber (n)	demam	[demam]
Malaria (f)	malaria	[malaria]
Gangrän (f, n)	gangren	[gaŋren]
Seekrankheit (f)	mabuk laut	[mabu' laut]
Epilepsie (f)	epilepsi	[epilepsi]

Epidemie (f)	epidemi	[epidemi]
Typhus (m)	tifus	[tifus]
Tuberkulose (f)	tuberkulosis	[tuberkulosis]
Cholera (f)	kolera	[kolera]
Pest (f)	penyakit pes	[penjakit pes]

48. Symptome. Behandlungen. Teil 1

Symptom (n)	gejala	[gedʒ'ala]
Temperatur (f)	temperatur, suhu	[temperatur], [suhu]
Fieber (n)	temperatur tinggi	[temperatur tiŋgi]
Puls (m)	denyut nadi	[denyut nadi]

Schwindel (m)	rasa pening	[rasa peniŋ]
heiß (Stirne usw.)	panas	[panas]
Schüttelfrost (m)	menggigil	[məŋgigil]
blass (z.B. -es Gesicht)	pucat	[putʃat]

Husten (m)	batuk	[batu']
husten (vi)	batuk	[batu']
niesen (vi)	bersin	[bersin]
Ohnmacht (f)	pingsan	[piŋsan]

ohnmächtig werden	jatuh pingsan	[dʒjatuh piŋsan]
blauer Fleck (m)	luka memar	[luka memar]
Beule (f)	bengkak	[beŋkaʔ]
sich stoßen	terantuk	[tərantuʔ]
Prellung (f)	luka memar	[luka memar]
sich stoßen	kena luka memar	[kena luka memar]
hinken (vi)	pincang	[pintʃaŋ]
Verrenkung (f)	keseleo	[keseleo]
ausrenken (vt)	keseleo	[keseleo]
Fraktur (f)	fraktura, patah tulang	[fraktura], [patah tulaŋ]
brechen (Arm usw.)	patah tulang	[patah tulaŋ]
Schnittwunde (f)	teriris	[təriris]
sich schneiden	teriris	[təriris]
Blutung (f)	perdarahan	[pərdarahan]
Verbrennung (f)	luka bakar	[luka bakar]
sich verbrennen	menderita luka bakar	[mənderita luka bakar]
stechen (vt)	menusuk	[mənusuʔ]
sich stechen	tertusuk	[tərtusuʔ]
verletzen (vt)	melukai	[melukaj]
Verletzung (f)	cedera	[tʃedera]
Wunde (f)	luka	[luka]
Trauma (n)	trauma	[trauma]
irrereden (vi)	mengigau	[məŋigau]
stottern (vi)	gagap	[gagap]
Sonnenstich (m)	sengatan matahari	[seŋatan matahari]

49. Symptome. Behandlungen. Teil 2

Schmerz (m)	sakit	[sakit]
Splitter (m)	selumbar	[selumbar]
Schweiß (m)	keringat	[keriŋat]
schwitzen (vi)	berkeringat	[bərkeriŋat]
Erbrechen (n)	muntah	[muntah]
Krämpfe (pl)	kram	[kram]
schwanger	hamil	[hamil]
geboren sein	lahir	[lahir]
Geburt (f)	persalinan	[pərsalinan]
gebären (vt)	melahirkan	[melahirkan]
Abtreibung (f)	aborsi	[aborsi]
Atem (m)	pernapasan	[pərnapasan]
Atemzug (m)	tarikan napas	[tarikan napas]
Ausatmung (f)	napas keluar	[napas keluar]
ausatmen (vt)	mengembuskan napas	[məŋembuskan napas]
einatmen (vt)	menarik napas	[mənariʔ napas]
Invalide (m)	penderita cacat	[penderita tʃatʃat]
Krüppel (m)	penderita cacat	[penderita tʃatʃat]

Drogenabhängiger (m)	pecandu narkoba	[petʃandu narkoba]
taub	tunarungu	[tunaruŋu]
stumm	tunawicara	[tunawitʃara]
taubstumm	tunarungu-wicara	[tunaruŋu-witʃara]
verrückt (Adj)	gila	[gila]
Irre (m)	lelaki gila	[lelaki gila]
Irre (f)	perempuan gila	[pərempuan gila]
den Verstand verlieren	menggila	[məŋgila]
Gen (n)	gen	[gen]
Immunität (f)	imunitas	[imunitas]
erblich	turun-temurun	[turun-temurun]
angeboren	bawaan	[bawaʔan]
Virus (m, n)	virus	[virus]
Mikrobe (f)	mikroba	[mikroba]
Bakterie (f)	bakteri	[bakteri]
Infektion (f)	infeksi	[infeksi]

50. Symptome. Behandlungen. Teil 3

Krankenhaus (n)	rumah sakit	[rumah sakit]
Patient (m)	pasien	[pasien]
Diagnose (f)	diagnosis	[diagnosis]
Heilung (f)	perawatan	[pərawatan]
Behandlung (f)	pengobatan medis	[peŋobatan medis]
Behandlung bekommen	berobat	[bərobat]
behandeln (vt)	merawat	[merawat]
pflegen (Kranke)	merawat	[merawat]
Pflege (f)	pengasuhan	[peŋasuhan]
Operation (f)	operasi, pembedahan	[operasi], [pembedahan]
verbinden (vt)	membalut	[membalut]
Verband (m)	pembalutan	[pembalutan]
Impfung (f)	vaksinasi	[vaksinasi]
impfen (vt)	memvaksinasi	[memvaksinasi]
Spritze (f)	suntikan	[suntikan]
eine Spritze geben	menyuntik	[mənyuntiʔ]
Anfall (m)	serangan	[seraŋan]
Amputation (f)	amputasi	[amputasi]
amputieren (vt)	mengamputasi	[meŋamputasi]
Koma (n)	koma	[koma]
im Koma liegen	dalam keadaan koma	[dalam keadaʔan koma]
Reanimation (f)	perawatan intensif	[pərawatan intensif]
genesen von ... (vi)	sembuh	[sembuh]
Zustand (m)	keadaan	[keadaʔan]
Bewusstsein (n)	kesadaran	[kesadaran]
Gedächtnis (n)	memori, daya ingat	[memori], [daja iŋat]
ziehen (einen Zahn ~)	mencabut	[məntʃabut]

| Plombe (f) | tambalan | [tambalan] |
| plombieren (vt) | menambal | [mənambal] |

| Hypnose (f) | hipnosis | [hipnosis] |
| hypnotisieren (vt) | menghipnosis | [məŋhipnosis] |

51. Ärzte

Arzt (m)	dokter	[dokter]
Krankenschwester (f)	suster, juru rawat	[suster], [dʒʲuru rawat]
Privatarzt (m)	dokter pribadi	[dokter pribadi]

Zahnarzt (m)	dokter gigi	[dokter gigi]
Augenarzt (m)	dokter mata	[dokter mata]
Internist (m)	ahli penyakit dalam	[ahli penjakit dalam]
Chirurg (m)	dokter bedah	[dokter bedah]

Psychiater (m)	psikiater	[psikiater]
Kinderarzt (m)	dokter anak	[dokter anaʔ]
Psychologe (m)	psikolog	[psikolog]
Frauenarzt (m)	ginekolog	[ginekolog]
Kardiologe (m)	kardiolog	[kardiolog]

52. Medizin. Medikamente. Accessoires

Arznei (f)	obat	[obat]
Heilmittel (n)	obat	[obat]
verschreiben (vt)	meresepkan	[meresepkan]
Rezept (n)	resep	[resep]

Tablette (f)	pil, tablet	[pil], [tablet]
Salbe (f)	salep	[salep]
Ampulle (f)	ampul	[ampul]
Mixtur (f)	obat cair	[obat tʃajr]
Sirup (m)	sirop	[sirop]
Pille (f)	pil	[pil]
Pulver (n)	bubuk	[bubuʔ]

Verband (m)	perban	[perban]
Watte (f)	kapas	[kapas]
Jod (n)	iodium	[iodium]

Pflaster (n)	plester obat	[plester obat]
Pipette (f)	tetes mata	[tetes mata]
Thermometer (n)	termometer	[termometer]
Spritze (f)	alat suntik	[alat suntiʔ]

| Rollstuhl (m) | kursi roda | [kursi roda] |
| Krücken (pl) | kruk | [kruʔ] |

| Betäubungsmittel (n) | obat bius | [obat bius] |
| Abführmittel (n) | laksatif, obat pencuci perut | [laksatif], [obat pentʃutʃi perut] |

Spiritus (m)	**spiritus, alkohol**	[spiritus], [alkohol]
Heilkraut (n)	**tanaman obat**	[tanaman obat]
Kräuter- (z.B. Kräutertee)	**herbal**	[herbal]

LEBENSRAUM DES MENSCHEN

Stadt

53. Stadt. Leben in der Stadt

Deutsch	Indonesisch	Aussprache
Stadt (f)	kota	[kota]
Hauptstadt (f)	ibu kota	[ibu kota]
Dorf (n)	desa	[desa]
Stadtplan (m)	peta kota	[peta kota]
Stadtzentrum (n)	pusat kota	[pusat kota]
Vorort (m)	pinggir kota	[piŋgir kota]
Vorort-	pinggir kota	[piŋgir kota]
Stadtrand (m)	pinggir	[piŋgir]
Umgebung (f)	daerah sekitarnya	[daerah sekitarnja]
Stadtviertel (n)	blok	[bloʔ]
Wohnblock (m)	blok perumahan	[bloʔ perumahan]
Straßenverkehr (m)	lalu lintas	[lalu lintas]
Ampel (f)	lampu lalu lintas	[lampu lalu lintas]
Stadtverkehr (m)	angkot	[aŋkot]
Straßenkreuzung (f)	persimpangan	[pərsimpaŋan]
Übergang (m)	penyeberangan	[penjeberaŋan]
Fußgängerunterführung (f)	terowongan penyeberangan	[tərowoŋan penjeberaŋan]
überqueren (vt)	menyeberang	[mənjeberaŋ]
Fußgänger (m)	pejalan kaki	[pedʒʲalan kaki]
Gehweg (m)	trotoar	[trotoar]
Brücke (f)	jembatan	[dʒʲembatan]
Kai (m)	tepi sungai	[tepi suŋaj]
Springbrunnen (m)	air mancur	[air mantʃur]
Allee (f)	jalan kecil	[dʒʲalan ketʃil]
Park (m)	taman	[taman]
Boulevard (m)	bulevar, adimarga	[bulevar], [adimarga]
Platz (m)	lapangan	[lapaŋan]
Avenue (f)	jalan raya	[dʒʲalan raja]
Straße (f)	jalan	[dʒʲalan]
Gasse (f)	gang	[gaŋ]
Sackgasse (f)	jalan buntu	[dʒʲalan buntu]
Haus (n)	rumah	[rumah]
Gebäude (n)	gedung	[geduŋ]
Wolkenkratzer (m)	pencakar langit	[pentʃakar laŋit]
Fassade (f)	bagian depan	[bagian depan]

Dach (n)	atap	[atap]
Fenster (n)	jendela	[dʒiendela]
Bogen (m)	lengkungan	[leŋkuŋan]
Säule (f)	pilar	[pilar]
Ecke (f)	sudut	[sudut]

Schaufenster (n)	etalase	[etalase]
Firmenschild (n)	papan nama	[papan nama]
Anschlag (m)	poster	[poster]
Werbeposter (m)	poster iklan	[poster iklan]
Werbeschild (n)	papan iklan	[papan iklan]

Müll (m)	sampah	[sampah]
Mülleimer (m)	tong sampah	[toŋ sampah]
Abfall wegwerfen	menyampah	[mənjampah]
Mülldeponie (f)	tempat pemrosesan akhir (TPA)	[tempat pemrosesan ahir]

Telefonzelle (f)	gardu telepon umum	[gardu telepon umum]
Straßenlaterne (f)	tiang lampu	[tiaŋ lampu]
Bank (Park-)	bangku	[baŋku]

Polizist (m)	polisi	[polisi]
Polizei (f)	polisi, kepolisian	[polisi], [kepolisian]
Bettler (m)	pengemis	[peŋemis]
Obdachlose (m)	tuna wisma	[tuna wisma]

54. Innerstädtische Einrichtungen

Laden (m)	toko	[toko]
Apotheke (f)	apotek, toko obat	[apotek], [toko obat]
Optik (f)	optik	[opti?]
Einkaufszentrum (n)	toserba	[toserba]
Supermarkt (m)	pasar swalayan	[pasar swalajan]

Bäckerei (f)	toko roti	[toko roti]
Bäcker (m)	pembuat roti	[pembuat roti]
Konditorei (f)	toko kue	[toko kue]
Lebensmittelladen (m)	toko pangan	[toko paŋan]
Metzgerei (f)	toko daging	[toko dagiŋ]

| Gemüseladen (m) | toko sayur | [toko sajur] |
| Markt (m) | pasar | [pasar] |

Kaffeehaus (n)	warung kopi	[waruŋ kopi]
Restaurant (n)	restoran	[restoran]
Bierstube (f)	kedai bir	[kedaj bir]
Pizzeria (f)	kedai piza	[kedaj piza]

Friseursalon (m)	salon rambut	[salon rambut]
Post (f)	kantor pos	[kantor pos]
chemische Reinigung (f)	penatu kimia	[penatu kimia]
Fotostudio (n)	studio foto	[studio foto]
Schuhgeschäft (n)	toko sepatu	[toko sepatu]

| Buchhandlung (f) | toko buku | [toko buku] |
| Sportgeschäft (n) | toko alat olahraga | [toko alat olahraga] |

Kleiderreparatur (f)	reparasi pakaian	[reparasi pakajan]
Bekleidungsverleih (m)	rental pakaian	[rental pakajan]
Videothek (f)	rental film	[rental film]

Zirkus (m)	sirkus	[sirkus]
Zoo (m)	kebun binatang	[kebun binataŋ]
Kino (n)	bioskop	[bioskop]
Museum (n)	museum	[museum]
Bibliothek (f)	perpustakaan	[pərpustaka'an]

Theater (n)	teater	[teater]
Opernhaus (n)	opera	[opera]
Nachtklub (m)	klub malam	[klub malam]
Kasino (n)	kasino	[kasino]

Moschee (f)	masjid	[masdʒid]
Synagoge (f)	sinagoga, kanisah	[sinagoga], [kanisah]
Kathedrale (f)	katedral	[katedral]
Tempel (m)	kuil, candi	[kuil], [tʃandi]
Kirche (f)	gereja	[geredʒ'a]

Institut (n)	institut, perguruan tinggi	[institut], [pərguruan tiŋgi]
Universität (f)	universitas	[universitas]
Schule (f)	sekolah	[sekolah]

Präfektur (f)	prefektur, distrik	[prefektur], [distri']
Rathaus (n)	balai kota	[balaj kota]
Hotel (n)	hotel	[hotel]
Bank (f)	bank	[ban']

Botschaft (f)	kedutaan besar	[keduta'an besar]
Reisebüro (n)	kantor pariwisata	[kantor pariwisata]
Informationsbüro (n)	kantor penerangan	[kantor peneraŋan]
Wechselstube (f)	kantor penukaran uang	[kantor penukaran uaŋ]

| U-Bahn (f) | kereta api bawah tanah | [kereta api bawah tanah] |
| Krankenhaus (n) | rumah sakit | [rumah sakit] |

| Tankstelle (f) | SPBU, stasiun bensin | [es-pe-be-u], [stasjun bensin] |
| Parkplatz (m) | tempat parkir | [tempat parkir] |

55. Schilder

Firmenschild (n)	papan nama	[papan nama]
Aufschrift (f)	tulisan	[tulisan]
Plakat (n)	poster	[poster]
Wegweiser (m)	penunjuk arah	[penundʒ'u' arah]
Pfeil (m)	anak panah	[ana' panah]

| Vorsicht (f) | peringatan | [pəriŋatan] |
| Warnung (f) | tanda peringatan | [tanda pəriŋatan] |

warnen (vt)	memperingatkan	[memperiŋatkan]
freier Tag (m)	hari libur	[hari libur]
Fahrplan (m)	jadwal	[dʒʲadwal]
Öffnungszeiten (pl)	jam buka	[dʒʲam buka]
HERZLICH WILLKOMMEN!	SELAMAT DATANG!	[selamat dataŋ!]
EINGANG	MASUK	[masuʔ]
AUSGANG	KELUAR	[keluar]
DRÜCKEN	DORONG	[doroŋ]
ZIEHEN	TARIK	[tariʔ]
GEÖFFNET	BUKA	[buka]
GESCHLOSSEN	TUTUP	[tutup]
DAMEN, FRAUEN	WANITA	[wanita]
HERREN, MÄNNER	PRIA	[pria]
AUSVERKAUF	DISKON	[diskon]
REDUZIERT	OBRAL	[obral]
NEU!	BARU!	[baru!]
GRATIS	GRATIS	[gratis]
ACHTUNG!	PERHATIAN!	[pərhatian!]
ZIMMER BELEGT	PENUH	[penuh]
RESERVIERT	DIRESERVASI	[direservasi]
VERWALTUNG	ADMINISTRASI	[administrasi]
NUR FÜR PERSONAL	KHUSUS STAF	[husus staf]
VORSICHT BISSIGER HUND	AWAS, ANJING GALAK!	[awas], [andʒiŋ galaʔ!]
RAUCHEN VERBOTEN!	DILARANG MEROKOK!	[dilaraŋ merokoʔ!]
BITTE NICHT BERÜHREN	JANGAN SENTUH!	[dʒʲaŋan sentuh!]
GEFÄHRLICH	BERBAHAYA	[bərbahaja]
VORSICHT!	BAHAYA	[bahaja]
HOCHSPANNUNG	TEGANGAN TINGGI	[tegaŋan tiŋgi]
BADEN VERBOTEN	DILARANG BERENANG!	[dilaraŋ bərenaŋ!]
AUßER BETRIEB	RUSAK	[rusaʔ]
LEICHTENTZÜNDLICH	BAHAN MUDAH TERBAKAR	[bahan mudah tərbakar]
VERBOTEN	DILARANG	[dilaraŋ]
DURCHGANG VERBOTEN	DILARANG MASUK!	[dilaraŋ masuʔ!]
FRISCH GESTRICHEN	AWAS CAT BASAH	[awas tʃat basah]

56. Innerstädtischer Transport

Bus (m)	bus	[bus]
Straßenbahn (f)	trem	[trem]
Obus (m)	bus listrik	[bus listriʔ]
Linie (f)	trayek	[traeʔ]
Nummer (f)	nomor	[nomor]
mit ... fahren	naik ...	[naiʔ ...]

einsteigen (vi)	naik	[naiʔ]
aussteigen (aus dem Bus)	turun ...	[turun ...]

Haltestelle (f)	halte, pemberhentian	[halte], [pemberhentian]
nächste Haltestelle (f)	halte berikutnya	[halte berikutnja]
Endhaltestelle (f)	halte terakhir	[halte tərahir]
Fahrplan (m)	jadwal	[dʒʲadwal]
warten (vi, vt)	menunggu	[mənuŋgu]

Fahrkarte (f)	tiket	[tiket]
Fahrpreis (m)	harga karcis	[harga kartʃis]

Kassierer (m)	kasir	[kasir]
Fahrkartenkontrolle (f)	pemeriksaan tiket	[pemeriksaʔan tiket]
Fahrkartenkontrolleur (m)	kondektur	[kondektur]

sich verspäten	terlambat ...	[tərlambat ...]
versäumen (Zug usw.)	ketinggalan	[ketiŋgalan]
sich beeilen	tergesa-gesa	[tərgesa-gesa]

Taxi (n)	taksi	[taksi]
Taxifahrer (m)	sopir taksi	[sopir taksi]
mit dem Taxi	naik taksi	[naiʔ taksi]
Taxistand (m)	pangkalan taksi	[paŋkalan taksi]
ein Taxi rufen	memanggil taksi	[memaŋgil taksi]
ein Taxi nehmen	menaiki taksi	[mənajki taksi]

Straßenverkehr (m)	lalu lintas	[lalu lintas]
Stau (m)	kemacetan lalu lintas	[kematʃetan lalu lintas]
Hauptverkehrszeit (f)	jam sibuk	[dʒʲam sibuʔ]
parken (vi)	parkir	[parkir]
parken (vt)	memarkir	[memarkir]
Parkplatz (m)	tempat parkir	[tempat parkir]

U-Bahn (f)	kereta api bawah tanah	[kereta api bawah tanah]
Station (f)	stasiun	[stasiun]
mit der U-Bahn fahren	naik kereta api bawah tanah	[naiʔ kereta api bawah tanah]
Zug (m)	kereta api	[kereta api]
Bahnhof (m)	stasiun kereta api	[stasiun kereta api]

57. Sehenswürdigkeiten

Denkmal (n)	monumen, patung	[monumen], [patuŋ]
Festung (f)	benteng	[benteŋ]
Palast (m)	istana	[istana]
Schloss (n)	kastil	[kastil]
Turm (m)	menara	[mənara]
Mausoleum (n)	mausoleum	[mausoleum]

Architektur (f)	arsitektur	[arsitektur]
mittelalterlich	abad pertengahan	[abad pərteŋahan]
alt (antik)	kuno	[kuno]
national	nasional	[nasional]

berühmt	terkenal	[tərkenal]
Tourist (m)	turis, wisatawan	[turis], [wisatawan]
Fremdenführer (m)	pemandu wisata	[pemandu wisata]
Ausflug (m)	ekskursi	[ekskursi]
zeigen (vt)	menunjukkan	[mənundʒⁱuʔkan]
erzählen (vt)	menceritakan	[məntʃeritakan]
finden (vt)	mendapatkan	[məndapatkan]
sich verlieren	tersesat	[tərsesat]
Karte (U-Bahn ~)	denah	[denah]
Karte (Stadt-)	peta	[peta]
Souvenir (n)	suvenir	[suvenir]
Souvenirladen (m)	toko suvenir	[toko suvenir]
fotografieren (vt)	memotret	[memotret]
sich fotografieren	berfoto	[bərfoto]

58. Shopping

kaufen (vt)	membeli	[membeli]
Einkauf (m)	belanjaan	[belandʒⁱaʔan]
einkaufen gehen	berbelanja	[bərbelandʒⁱa]
Einkaufen (n)	berbelanja	[bərbelandʒⁱa]
offen sein (Laden)	buka	[buka]
zu sein	tutup	[tutup]
Schuhe (pl)	sepatu	[sepatu]
Kleidung (f)	pakaian	[pakajan]
Kosmetik (f)	kosmetik	[kosmetiʔ]
Lebensmittel (pl)	produk makanan	[produʔ makanan]
Geschenk (n)	hadiah	[hadiah]
Verkäufer (m)	pramuniaga	[pramuniaga]
Verkäuferin (f)	pramuniaga perempuan	[pramuniaga perempuan]
Kasse (f)	kas	[kas]
Spiegel (m)	cermin	[tʃermin]
Ladentisch (m)	konter	[konter]
Umkleidekabine (f)	kamar pas	[kamar pas]
anprobieren (vt)	mengepas	[məŋepas]
passen (Schuhe, Kleid)	pas, cocok	[pas], [tʃotʃoʔ]
gefallen (vi)	suka	[suka]
Preis (m)	harga	[harga]
Preisschild (n)	label harga	[label harga]
kosten (vt)	berharga	[bərharga]
Wie viel?	Berapa?	[berapa?]
Rabatt (m)	diskon	[diskon]
preiswert	tidak mahal	[tidaʔ mahal]
billig	murah	[murah]
teuer	mahal	[mahal]

Das ist teuer	Ini mahal	[ini mahal]
Verleih (m)	rental, persewaan	[rental], [pərsewa'an]
leihen, mieten (ein Auto usw.)	menyewa	[mənjewa]
Kredit (m), Darlehen (n)	kredit	[kredit]
auf Kredit	secara kredit	[setʃara kredit]

59. Geld

Geld (n)	uang	[uaŋ]
Austausch (m)	pertukaran mata uang	[pərtukaran mata uaŋ]
Kurs (m)	nilai tukar	[nilaj tukar]
Geldautomat (m)	Anjungan Tunai Mandiri, ATM	[andʒʲuŋan tunaj mandiri], [a-te-em]
Münze (f)	koin	[koin]
Dollar (m)	dolar	[dolar]
Euro (m)	euro	[euro]
Lira (f)	lira	[lira]
Mark (f)	Mark Jerman	[mar' dʒʲerman]
Franken (m)	franc	[frantʃ]
Pfund Sterling (n)	poundsterling	[paundsterliŋ]
Yen (m)	yen	[yen]
Schulden (pl)	utang	[utaŋ]
Schuldner (m)	pengutang	[pəŋutaŋ]
leihen (vt)	meminjamkan	[memindʒʲamkan]
leihen, borgen (Geld usw.)	meminjam	[memindʒʲam]
Bank (f)	bank	[ban']
Konto (n)	rekening	[rekeniŋ]
einzahlen (vt)	memasukkan	[memasu'kan]
auf ein Konto einzahlen	memasukkan ke rekening	[memasu'kan ke rekeniŋ]
abheben (vt)	menarik uang	[mənari' uaŋ]
Kreditkarte (f)	kartu kredit	[kartu kredit]
Bargeld (n)	uang kontan, uang tunai	[uaŋ kontan], [uaŋ tunaj]
Scheck (m)	cek	[tʃe']
einen Scheck schreiben	menulis cek	[mənulis tʃe']
Scheckbuch (n)	buku cek	[buku tʃe']
Geldtasche (f)	dompet	[dompet]
Geldbeutel (m)	dompet, pundi-pundi	[dompet], [pundi-pundi]
Safe (m)	brankas	[brankas]
Erbe (m)	pewaris	[pewaris]
Erbschaft (f)	warisan	[warisan]
Vermögen (n)	kekayaan	[kekaja'an]
Pacht (f)	sewa	[sewa]
Miete (f)	uang sewa	[uaŋ sewa]
mieten (vt)	menyewa	[mənjewa]
Preis (m)	harga	[harga]
Kosten (pl)	harga	[harga]

Summe (f)	jumlah	[dʒjumlah]
ausgeben (vt)	menghabiskan	[məŋhabiskan]
Ausgaben (pl)	ongkos	[oŋkos]
sparen (vt)	menghemat	[məŋhemat]
sparsam	hemat	[hemat]

zahlen (vt)	membayar	[membajar]
Lohn (m)	pembayaran	[pembajaran]
Wechselgeld (n)	kembalian	[kembalian]

Steuer (f)	pajak	[padʒjaʔ]
Geldstrafe (f)	denda	[denda]
bestrafen (vt)	mendenda	[məndenda]

60. Post. Postdienst

Post (Postamt)	kantor pos	[kantor pos]
Post (Postsendungen)	surat	[surat]
Briefträger (m)	tukang pos	[tukaŋ pos]
Öffnungszeiten (pl)	jam buka	[dʒjam buka]

Brief (m)	surat	[surat]
Einschreibebrief (m)	surat tercatat	[surat tərtʃatat]
Postkarte (f)	kartu pos	[kartu pos]
Telegramm (n)	telegram	[telegram]
Postpaket (n)	parsel, paket pos	[parsel], [paket pos]
Geldanweisung (f)	wesel pos	[wesel pos]

bekommen (vt)	menerima	[mənerima]
abschicken (vt)	mengirim	[məŋirim]
Absendung (f)	pengiriman	[peŋiriman]

Postanschrift (f)	alamat	[alamat]
Postleitzahl (f)	kode pos	[kode pos]
Absender (m)	pengirim	[peŋirim]
Empfänger (m)	penerima	[penerima]

| Vorname (m) | nama | [nama] |
| Nachname (m) | nama keluarga | [nama keluarga] |

Tarif (m)	tarif	[tarif]
Standard- (Tarif)	biasa, standar	[biasa], [standar]
Spar- (-tarif)	ekonomis	[ekonomis]

Gewicht (n)	berat	[berat]
abwiegen (vt)	menimbang	[mənimbaŋ]
Briefumschlag (m)	amplop	[amplop]
Briefmarke (f)	prangko	[praŋko]
Briefmarke aufkleben	menempelkan prangko	[mənempelkan praŋko]

Wohnung. Haus. Zuhause

61. Haus. Elektrizität

Elektrizität (f)	listrik	[listri']
Glühbirne (f)	bohlam	[bohlam]
Schalter (m)	sakelar	[sakelar]
Sicherung (f)	sekring	[sekriŋ]
Draht (m)	kabel, kawat	[kabel], [kawat]
Leitung (f)	rangkaian kabel	[raŋkajan kabel]
Stromzähler (m)	meteran listrik	[meteran listri']
Zählerstand (m)	pencatatan	[pentʃatatan]

62. Villa. Schloss

Landhaus (n)	rumah luar kota	[rumah luar kota]
Villa (f)	vila	[vila]
Flügel (m)	sayap	[sajap]
Garten (m)	kebun	[kebun]
Park (m)	taman	[taman]
Orangerie (f)	rumah kaca	[rumah katʃa]
pflegen (Garten usw.)	memelihara	[memelihara]
Schwimmbad (n)	kolam renang	[kolam renaŋ]
Kraftraum (m)	gym	[dʒim]
Tennisplatz (m)	lapangan tenis	[lapaŋan tenis]
Heimkinoraum (m)	bioskop rumah	[bioskop rumah]
Garage (f)	garasi	[garasi]
Privateigentum (n)	milik pribadi	[mili' pribadi]
Privatgrundstück (n)	tanah pribadi	[tanah pribadi]
Warnung (f)	peringatan	[pəriŋatan]
Warnschild (n)	tanda peringatan	[tanda pəriŋatan]
Bewachung (f)	keamanan	[keamanan]
Wächter (m)	satpam, pengawal	[satpam], [peŋawal]
Alarmanlage (f)	alarm antirampok	[alarm antirampo']

63. Wohnung

Wohnung (f)	apartemen	[apartemen]
Zimmer (n)	kamar	[kamar]
Schlafzimmer (n)	kamar tidur	[kamar tidur]

Esszimmer (n)	ruang makan	[ruaŋ makan]
Wohnzimmer (n)	ruang tamu	[ruaŋ tamu]
Arbeitszimmer (n)	ruang kerja	[ruaŋ kerdʒʲa]
Vorzimmer (n)	ruang depan	[ruaŋ depan]
Badezimmer (n)	kamar mandi	[kamar mandi]
Toilette (f)	kamar kecil	[kamar ketʃil]
Decke (f)	plafon, langit-langit	[plafon], [laŋit-laŋit]
Fußboden (m)	lantai	[lantaj]
Ecke (f)	sudut	[sudut]

64. Möbel. Innenausstattung

Möbel (n)	mebel	[mebel]
Tisch (m)	meja	[medʒʲa]
Stuhl (m)	kursi	[kursi]
Bett (n)	ranjang	[randʒʲaŋ]
Sofa (n)	dipan	[dipan]
Sessel (m)	kursi malas	[kursi malas]
Bücherschrank (m)	lemari buku	[lemari buku]
Regal (n)	rak	[raʔ]
Schrank (m)	lemari pakaian	[lemari pakajan]
Hakenleiste (f)	kapstok	[kapstoʔ]
Kleiderständer (m)	kapstok berdiri	[kapstoʔ bərdiri]
Kommode (f)	lemari laci	[lemari latʃi]
Couchtisch (m)	meja kopi	[medʒʲa kopi]
Spiegel (m)	cermin	[tʃermin]
Teppich (m)	permadani	[pərmadani]
Matte (kleiner Teppich)	karpet kecil	[karpet ketʃil]
Kamin (m)	perapian	[pərapian]
Kerze (f)	lilin	[lilin]
Kerzenleuchter (m)	kaki lilin	[kaki lilin]
Vorhänge (pl)	gorden	[gorden]
Tapete (f)	kertas dinding	[kertas dindiŋ]
Jalousie (f)	kerai	[keraj]
Tischlampe (f)	lampu meja	[lampu medʒʲa]
Leuchte (f)	lampu dinding	[lampu dindiŋ]
Stehlampe (f)	lampu lantai	[lampu lantaj]
Kronleuchter (m)	lampu bercabang	[lampu bərtʃabaŋ]
Bein (Tischbein usw.)	kaki	[kaki]
Armlehne (f)	lengan	[leŋan]
Lehne (f)	sandaran	[sandaran]
Schublade (f)	laci	[latʃi]

65. Bettwäsche

Bettwäsche (f)	kain kasur	[kain kasur]
Kissen (n)	bantal	[bantal]
Kissenbezug (m)	sarung bantal	[saruŋ bantal]
Bettdecke (f)	selimut	[selimut]
Laken (n)	seprai	[sepraj]
Tagesdecke (f)	selubung kasur	[selubuŋ kasur]

66. Küche

Küche (f)	dapur	[dapur]
Gas (n)	gas	[gas]
Gasherd (m)	kompor gas	[kompor gas]
Elektroherd (m)	kompor listrik	[kompor listri']
Backofen (m)	oven	[oven]
Mikrowellenherd (m)	microwave	[majkrowav]
Kühlschrank (m)	lemari es, kulkas	[lemari es], [kulkas]
Tiefkühltruhe (f)	lemari pembeku	[lemari pembeku]
Geschirrspülmaschine (f)	mesin pencuci piring	[mesin pentʃutʃi piriŋ]
Fleischwolf (m)	alat pelumat daging	[alat pelumat dagiŋ]
Saftpresse (f)	mesin sari buah	[mesin sari buah]
Toaster (m)	alat pemanggang roti	[alat pemaŋgaŋ roti]
Mixer (m)	pencampur	[pentʃampur]
Kaffeemaschine (f)	mesin pembuat kopi	[mesin pembuat kopi]
Kaffeekanne (f)	teko kopi	[teko kopi]
Kaffeemühle (f)	mesin penggiling kopi	[mesin peŋgiliŋ kopi]
Wasserkessel (m)	cerek	[tʃere']
Teekanne (f)	teko	[teko]
Deckel (m)	tutup	[tutup]
Teesieb (n)	saringan teh	[sariŋan teh]
Löffel (m)	sendok	[sendo']
Teelöffel (m)	sendok teh	[sendo' teh]
Esslöffel (m)	sendok makan	[sendo' makan]
Gabel (f)	garpu	[garpu]
Messer (n)	pisau	[pisau]
Geschirr (n)	piring mangkuk	[piriŋ maŋku']
Teller (m)	piring	[piriŋ]
Untertasse (f)	alas cangkir	[alas tʃaŋkir]
Schnapsglas (n)	seloki	[seloki]
Glas (n)	gelas	[gelas]
Tasse (f)	cangkir	[tʃaŋkir]
Zuckerdose (f)	wadah gula	[wadah gula]
Salzstreuer (m)	wadah garam	[wadah garam]
Pfefferstreuer (m)	wadah merica	[wadah meritʃa]

Butterdose (f)	wadah mentega	[wadah mentega]
Kochtopf (m)	panci	[pantʃi]
Pfanne (f)	kuali	[kuali]
Schöpflöffel (m)	sudu	[sudu]
Durchschlag (m)	saringan	[bariŋan]
Tablett (n)	talam	[talam]
Flasche (f)	botol	[botol]
Glas (Einmachglas)	gelas	[gelas]
Dose (f)	kaleng	[kaleŋ]
Flaschenöffner (m)	pembuka botol	[pembuka botol]
Dosenöffner (m)	pembuka kaleng	[pembuka kaleŋ]
Korkenzieher (m)	kotrek	[kotreʔ]
Filter (n)	saringan	[sariŋan]
filtern (vt)	saringan	[sariŋan]
Müll (m)	sampah	[sampah]
Mülleimer, Treteimer (m)	tong sampah	[toŋ sampah]

67. Bad

Badezimmer (n)	kamar mandi	[kamar mandi]
Wasser (n)	air	[air]
Wasserhahn (m)	keran	[keran]
Warmwasser (n)	air panas	[air panas]
Kaltwasser (n)	air dingin	[air diŋin]
Zahnpasta (f)	pasta gigi	[pasta gigi]
Zähne putzen	menggosok gigi	[məŋgosoʔ gigi]
Zahnbürste (f)	sikat gigi	[sikat gigi]
sich rasieren	bercukur	[bərtʃukur]
Rasierschaum (m)	busa cukur	[busa tʃukur]
Rasierer (m)	pisau cukur	[pisau tʃukur]
waschen (vt)	mencuci	[məntʃutʃi]
sich waschen	mandi	[mandi]
Dusche (f)	pancuran	[pantʃuran]
sich duschen	mandi pancuran	[mandi pantʃuran]
Badewanne (f)	bak mandi	[baʔ mandi]
Klosettbecken (n)	kloset	[kloset]
Waschbecken (n)	wastafel	[wastafel]
Seife (f)	sabun	[sabun]
Seifenschale (f)	wadah sabun	[wadah sabun]
Schwamm (m)	spons	[spons]
Shampoo (n)	sampo	[sampo]
Handtuch (n)	handuk	[handuʔ]
Bademantel (m)	jubah mandi	[dʒubah mandi]
Wäsche (f)	pencucian	[pentʃutʃian]
Waschmaschine (f)	mesin cuci	[mesin tʃutʃi]

| waschen (vt) | mencuci | [məntʃutʃi] |
| Waschpulver (n) | deterjen cuci | [deterdʒien tʃutʃi] |

68. Haushaltsgeräte

Fernseher (m)	pesawat TV	[pesawat ti-vi]
Tonbandgerät (n)	alat perekam	[alat perekam]
Videorekorder (m)	video, VCR	[vidio], [vi-si-er]
Empfänger (m)	radio	[radio]
Player (m)	pemutar	[pemutar]

Videoprojektor (m)	proyektor video	[proektor video]
Heimkino (n)	bioskop rumah	[bioskop rumah]
DVD-Player (m)	pemutar DVD	[pemutar di-vi-di]
Verstärker (m)	penguat	[peŋuat]
Spielkonsole (f)	konsol permainan video	[konsol pərmajnan video]

Videokamera (f)	kamera video	[kamera video]
Kamera (f)	kamera	[kamera]
Digitalkamera (f)	kamera digital	[kamera digital]

Staubsauger (m)	pengisap debu	[peŋisap debu]
Bügeleisen (n)	setrika	[setrika]
Bügelbrett (n)	papan setrika	[papan setrika]

Telefon (n)	telepon	[telepon]
Mobiltelefon (n)	ponsel	[ponsel]
Schreibmaschine (f)	mesin ketik	[mesin keti']
Nähmaschine (f)	mesin jahit	[mesin dʒiahit]

Mikrophon (n)	mikrofon	[mikrofon]
Kopfhörer (m)	headphone, fonkepala	[headphone], [fonkepala]
Fernbedienung (f)	panel kendali	[panel kendali]

CD (f)	cakram kompak	[tʃakram kompa']
Kassette (f)	kaset	[kaset]
Schallplatte (f)	piringan hitam	[piriŋan hitam]

AKTIVITÄTEN DES MENSCHEN

Beruf. Geschäft. Teil 1

69. Büro. Arbeiten im Büro

Büro (Firmensitz)	kantor	[kantor]
Büro (~ des Direktors)	ruang kerja	[ruaŋ kerdʒʲa]
Rezeption (f)	resepsionis kantor	[resepsionis kantor]
Sekretär (m)	sekretaris	[sekretaris]
Sekretärin (f)	sekretaris	[sekretaris]
Direktor (m)	direktur	[direktur]
Manager (m)	manajer	[manadʒʲer]
Buchhalter (m)	akuntan	[akuntan]
Mitarbeiter (m)	karyawan	[karjawan]
Möbel (n)	mebel	[mebel]
Tisch (m)	meja	[medʒʲa]
Schreibtischstuhl (m)	kursi malas	[kursi malas]
Rollcontainer (m)	meja samping ranjang	[medʒʲa sampiŋ randʒʲaŋ]
Kleiderständer (m)	kapstok berdiri	[kapstoʔ berdiri]
Computer (m)	komputer	[komputer]
Drucker (m)	printer, pencetak	[printer], [pentʃetaʔ]
Fax (n)	mesin faks	[mesin faks]
Kopierer (m)	mesin fotokopi	[mesin fotokopi]
Papier (n)	kertas	[kertas]
Büromaterial (n)	alat tulis kantor	[alat tulis kantor]
Mousepad (n)	bantal tetikus	[bantal tetikus]
Blatt (n) Papier	lembar	[lembar]
Ordner (m)	map	[map]
Katalog (m)	katalog	[katalog]
Adressbuch (n)	buku telepon	[buku telepon]
Dokumentation (f)	dokumentasi	[dokumentasi]
Broschüre (f)	brosur	[brosur]
Flugblatt (n)	selebaran	[selebaran]
Muster (n)	sampel, contoh	[sampel], [tʃontoh]
Training (n)	latihan	[latihan]
Meeting (n)	rapat	[rapat]
Mittagspause (f)	waktu makan siang	[waktu makan siaŋ]
eine Kopie machen	membuat salinan	[membuat salinan]
vervielfältigen (vt)	memperbanyak	[memperbanjaʔ]
ein Fax bekommen	menerima faks	[mənerima faks]
ein Fax senden	mengirim faks	[məŋirim faks]

anrufen (vt)	menelepon	[mənelepon]
antworten (vi)	menjawab	[məndʒʲawab]
verbinden (vt)	menyambungkan	[mənjambuŋkan]
ausmachen (vt)	menetapkan	[mənetapkan]
demonstrieren (vt)	memeragakan	[memeragakan]
fehlen (am Arbeitsplatz ~)	absen, tidak hadir	[absen], [tida' hadir]
Abwesenheit (f)	absensi, ketidakhadiran	[absensi], [ketidahadiran]

70. Geschäftsabläufe. Teil 1

Geschäft (n) (z.B. ~ in Wolle)	bisnis	[bisnis]
Angelegenheit (f)	urusan	[urusan]
Firma (f)	firma	[firma]
Gesellschaft (f)	maskapai	[maskapaj]
Konzern (m)	korporasi	[korporasi]
Unternehmen (n)	perusahaan	[pərusaha'an]
Agentur (f)	biro, kantor	[biro], [kantor]
Vereinbarung (f)	perjanjian	[pərdʒʲandʒian]
Vertrag (m)	kontrak	[kontra']
Geschäft (Transaktion)	transaksi	[transaksi]
Auftrag (Bestellung)	pesanan	[pesanan]
Bedingung (f)	syarat	[ʃarat]
en gros (im Großen)	grosir	[grosir]
Großhandels-	grosir	[grosir]
Großhandel (m)	penjualan grosir	[pendʒʲualan grosir]
Einzelhandels-	eceran	[etʃeran]
Einzelhandel (m)	pengeceran	[peŋetʃeran]
Konkurrent (m)	kompetitor, pesaing	[kompetitor], [pesajŋ]
Konkurrenz (f)	kompetisi, persaingan	[kompetisi], [pərsajŋan]
konkurrieren (vi)	bersaing	[bərsajŋ]
Partner (m)	mitra	[mitra]
Partnerschaft (f)	kemitraan	[kemitra'an]
Krise (f)	krisis	[krisis]
Bankrott (m)	kebangkrutan	[kebaŋkrutan]
Bankrott machen	jatuh bangkrut	[dʒʲatuh baŋkrut]
Schwierigkeit (f)	kesukaran	[kesukaran]
Problem (n)	masalah	[masalah]
Katastrophe (f)	gagal total	[gagal total]
Wirtschaft (f)	ekonomi	[ekonomi]
wirtschaftlich	ekonomi	[ekonomi]
Rezession (f)	resesi ekonomi	[resesi ekonomi]
Ziel (n)	tujuan	[tudʒʲuan]
Aufgabe (f)	tugas	[tugas]
handeln (Handel treiben)	berdagang	[bərdagaŋ]
Netz (Verkaufs-)	jaringan	[dʒʲariŋan]

| Lager (n) | inventaris | [inventaris] |
| Sortiment (n) | penyortiran | [penjortiran] |

führende Unternehmen (n)	pemimpin	[pemimpin]
groß (-e Firma)	besar	[besar]
Monopol (n)	monopoli	[monopoli]

Theorie (f)	teori	[teori]
Praxis (f)	praktik	[prakti']
Erfahrung (f)	pengalaman	[peŋalaman]
Tendenz (f)	tendensi	[tendensi]
Entwicklung (f)	perkembangan	[pərkembaŋan]

71. Geschäftsabläufe. Teil 2

| Vorteil (m) | keuntungan | [keuntuŋan] |
| vorteilhaft | menguntungkan | [məŋuntuŋkan] |

Delegation (f)	delegasi	[delegasi]
Lohn (m)	gaji, upah	[gadʒi], [upah]
korrigieren (vt)	mengoreksi	[məŋoreksi]
Dienstreise (f)	perjalanan dinas	[pərdʒ'alanan dinas]
Kommission (f)	panitia	[panitia]

kontrollieren (vt)	mengontrol	[məŋontrol]
Konferenz (f)	konferensi	[konferensi]
Lizenz (f)	lisensi, izin	[lisensi], [izin]
zuverlässig	yang bisa dipercaya	[yaŋ bisa dipertʃaja]

Initiative (f)	inisiatif	[inisiatif]
Norm (f)	norma	[norma]
Umstand (m)	keadaan sekitar	[keada'an sekitar]
Pflicht (f)	tugas	[tugas]

Unternehmen (n)	organisasi	[organisasi]
Organisation (Prozess)	pengurusan	[peŋurusan]
organisiert (Adj)	terurus	[tərurus]
Abschaffung (f)	pembatalan	[pembatalan]
abschaffen (vt)	membatalkan	[membatalkan]
Bericht (m)	laporan	[laporan]

Patent (n)	paten	[paten]
patentieren (vt)	mematenkan	[mematenkan]
planen (vt)	merencanakan	[merentʃanakan]

Prämie (f)	bonus	[bonus]
professionell	profesional	[profesional]
Prozedur (f)	prosedur	[prosedur]

prüfen (Vertrag ~)	mempertimbangkan	[mempertimbaŋkan]
Berechnung (f)	perhitungan	[pərhituŋan]
Ruf (m)	reputasi	[reputasi]
Risiko (n)	risiko	[risiko]
leiten (vt)	memimpin	[memimpin]

Informationen (pl)	data, informasi	[data], [informasi]
Eigentum (n)	milik	[miliʔ]
Bund (m)	persatuan, serikat	[persatuan], [serikat]

Lebensversicherung (f)	asuransi jiwa	[asuransi ʤiwa]
versichern (vt)	mengasuransikan	[məŋasuransikan]
Versicherung (f)	asuransi	[asuransi]

Auktion (f)	lelang	[lelaŋ]
benachrichtigen (vt)	memberitahu	[memberitahu]
Verwaltung (f)	manajemen	[manaʤʲemen]
Dienst (m)	jasa	[ʤʲasa]

Forum (n)	forum	[forum]
funktionieren (vi)	berfungsi	[bərfuŋsi]
Etappe (f)	tahap	[tahap]
juristisch	hukum	[hukum]
Jurist (m)	ahli hukum	[ahli hukum]

72. Fertigung. Arbeiten

Werk (n)	pabrik	[pabriʔ]
Fabrik (f)	pabrik	[pabriʔ]
Werkstatt (f)	bengkel	[beŋkel]
Betrieb (m)	perusahaan	[perusahaʔan]

Industrie (f)	industri	[industri]
Industrie-	industri	[industri]
Schwerindustrie (f)	industri berat	[industri berat]
Leichtindustrie (f)	industri ringan	[industri riŋan]

Produktion (f)	produksi	[produksi]
produzieren (vt)	memproduksi	[memproduksi]
Rohstoff (m)	bahan baku	[bahan baku]

Vorarbeiter (m), Meister (m)	mandor	[mandor]
Arbeitsteam (n)	regu pekerja	[regu pekerʤʲa]
Arbeiter (m)	buruh, pekerja	[buruh], [pekerʤʲa]

Arbeitstag (m)	hari kerja	[hari kerʤʲa]
Pause (f)	perhentian	[perhentian]
Versammlung (f)	rapat	[rapat]
besprechen (vt)	membicarakan	[membiʧarakan]

Plan (m)	rencana	[renʧana]
den Plan erfüllen	melaksanakan rencana	[melaksanakan renʧana]
Arbeitsertrag (m)	kecepatan produksi	[keʧepatan produksi]
Qualität (f)	kualitas, mutu	[kualitas], [mutu]
Prüfung, Kontrolle (f)	kontrol, kendali	[kontrol], [kendali]
Gütekontrolle (f)	kendali mutu	[kendali mutu]

Arbeitsplatzsicherheit (f)	keselamatan kerja	[keselamatan kerʤʲa]
Disziplin (f)	disiplin	[disiplin]
Übertretung (f)	pelanggaran	[pelaŋgaran]

übertreten (vt)	melanggar	[melaŋgar]
Streik (m)	pemogokan	[pemogokan]
Streikender (m)	pemogok	[pemogoʔ]
streiken (vi)	mogok	[mogoʔ]
Gewerkschaft (f)	serikat pekerja	[serikat pekerdʒia]
erfinden (vt)	menemukan	[mənemukan]
Erfindung (f)	penemuan	[penemuan]
Erforschung (f)	riset, penelitian	[riset], [penelitian]
verbessern (vt)	memperbaiki	[memperbajki]
Technologie (f)	teknologi	[teknologi]
technische Zeichnung (f)	gambar teknik	[gambar tekniʔ]
Ladung (f)	muatan	[muatan]
Ladearbeiter (m)	kuli	[kuli]
laden (vt)	memuat	[memuat]
Beladung (f)	pemuatan	[pemuatan]
entladen (vt)	membongkar	[memboŋkar]
Entladung (f)	pembongkaran	[pemboŋkaran]
Transport (m)	transportasi, angkutan	[transportasi], [aŋkutan]
Transportunternehmen (n)	perusahaan transportasi	[pərusahaʔan transportasi]
transportieren (vt)	mengangkut	[məŋaŋkut]
Güterwagen (m)	gerbong barang	[gerboŋ baraŋ]
Zisterne (f)	tangki	[taŋki]
Lastkraftwagen (m)	truk	[truʔ]
Werkzeugmaschine (f)	mesin	[mesin]
Mechanismus (m)	mekanisme	[mekanisme]
Industrieabfälle (pl)	limbah industri	[limbah industri]
Verpacken (n)	pengemasan	[peŋemasan]
verpacken (vt)	mengemas	[məŋemas]

73. Vertrag. Zustimmung

Vertrag (m), Auftrag (m)	kontrak	[kontraʔ]
Vereinbarung (f)	perjanjian	[pərdʒiandʒian]
Anhang (m)	lampiran	[lampiran]
einen Vertrag abschließen	menandatangani kontrak	[mənandataŋani kontraʔ]
Unterschrift (f)	tanda tangan	[tanda taŋan]
unterschreiben (vt)	menandatangani	[mənandataŋani]
Stempel (m)	cap	[tʃap]
Vertragsgegenstand (m)	subjek perjanjian	[subdʒie' pərdʒiandʒian]
Punkt (m)	ayat, pasal	[ajat], [pasal]
Parteien (pl)	pihak	[pihaʔ]
rechtmäßige Anschrift (f)	alamat sah	[alamat sah]
Vertrag brechen	melanggar kontrak	[melaŋgar kontraʔ]
Verpflichtung (f)	komitmen, kewajiban	[komitmen], [kewadʒiban]
Verantwortlichkeit (f)	tanggung jawab	[taŋguŋ dʒiawab]

Force majeure (f)	keadaan kahar	[keada'an kahar]
Streit (m)	sengketa	[seŋketa]
Strafsanktionen (pl)	sanksi, penalti	[sanksi], [penalti]

74. Import & Export

Import (m)	impor	[impor]
Importeur (m)	importir	[importir]
importieren (vt)	mengimpor	[məŋimpor]
Import-	impor	[impor]

Export (m)	ekspor	[ekspor]
Exporteur (m)	eksportir	[eksportir]
exportieren (vt)	mengekspor	[məŋekspor]
Export-	ekspor	[ekspor]

| Waren (pl) | barang dagangan | [baraŋ dagaŋan] |
| Partie (f), Ladung (f) | partai | [partaj] |

Gewicht (n)	berat	[berat]
Volumen (n)	volume, isi	[volume], [isi]
Kubikmeter (m)	meter kubik	[meter kubiʔ]

Hersteller (m)	produsen	[produsen]
Transportunternehmen (n)	perusahaan transportasi	[perusaha'an transportasi]
Container (m)	peti kemas	[peti kemas]

Grenze (f)	perbatasan	[perbatasan]
Zollamt (n)	pabean	[pabean]
Zoll (m)	bea cukai	[bea tʃukaj]
Zollbeamter (m)	petugas pabean	[petugas pabean]
Schmuggel (m)	penyelundupan	[penjelundupan]
Schmuggelware (f)	barang-barang selundupan	[baraŋ-baraŋ selundupan]

75. Finanzen

Aktie (f)	saham	[saham]
Obligation (f)	obligasi	[obligasi]
Wechsel (m)	wesel	[wesel]

| Börse (f) | bursa efek | [bursa efeʔ] |
| Aktienkurs (m) | kurs saham | [kurs saham] |

| billiger werden | menjadi murah | [məndʒ'adi murah] |
| teuer werden | menjadi mahal | [məndʒ'adi mahal] |

| Anteil (m) | kepemilikan saham | [kepemilikan saham] |
| Mehrheitsbeteiligung (f) | mayoritas saham | [majoritas saham] |

Investitionen (pl)	investasi	[investasi]
investieren (vt)	berinvestasi	[berinvestasi]
Prozent (n)	persen	[persen]

Zinsen (pl)	suku bunga	[suku buŋa]
Gewinn (m)	profit, untung	[profit], [untuŋ]
gewinnbringend	beruntung	[bəruntuŋ]
Steuer (f)	pajak	[padʒia']

Währung (f)	valas	[valas]
Landes-	nasional	[nasional]
Geldumtausch (m)	pertukaran	[pərtukaran]

| Buchhalter (m) | akuntan | [akuntan] |
| Buchhaltung (f) | akuntansi | [akuntansi] |

Bankrott (m)	kebangkrutan	[kebaŋkrutan]
Zusammenbruch (m)	keruntuhan	[keruntuhan]
Pleite (f)	kebangkrutan	[kebaŋkrutan]
pleite gehen	bangkrut	[baŋkrut]
Inflation (f)	inflasi	[inflasi]
Abwertung (f)	devaluasi	[devaluasi]

Kapital (n)	modal	[modal]
Einkommen (n)	pendapatan	[pendapatan]
Umsatz (m)	omzet	[omzet]
Mittel (Reserven)	sumber daya	[sumber daja]
Geldmittel (pl)	dana	[dana]

| Gemeinkosten (pl) | beaya umum | [beaja umum] |
| reduzieren (vt) | mengurangi | [məŋuraŋi] |

76. Marketing

Marketing (n)	pemasaran	[pemasaran]
Markt (m)	pasar	[pasar]
Marktsegment (n)	segmen pasar	[segmen pasar]
Produkt (n)	produk	[produ']
Waren (pl)	barang dagangan	[baraŋ dagaŋan]

Schutzmarke (f)	merek	[mere']
Handelsmarke (f)	merek dagang	[mere' dagaŋ]
Firmenzeichen (n)	logo dagang	[logo dagaŋ]
Logo (n)	logo	[logo]

Nachfrage (f)	permintaan	[pərminta'an]
Angebot (n)	penawaran	[penawaran]
Bedürfnis (n)	kebutuhan	[kebutuhan]
Verbraucher (m)	konsumen	[konsumen]

Analyse (f)	analisis	[analisis]
analysieren (vt)	menganalisis	[məŋanalisis]
Positionierung (f)	pemosisian	[pemosisian]
positionieren (vt)	memosisikan	[memosisikan]

Preis (m)	harga	[harga]
Preispolitik (f)	politik harga	[politi' harga]
Preisbildung (f)	penentuan harga	[penentuan harga]

77. Werbung

Werbung (f)	iklan	[iklan]
werben (vt)	mengiklankan	[məŋiklankan]
Budget (n)	anggaran belanja	[aŋgaran belandʒ'a]
Werbeanzeige (f)	iklan	[iklan]
Fernsehwerbung (f)	iklan TV	[iklan ti-vi]
Radiowerbung (f)	iklan radio	[iklan radio]
Außenwerbung (f)	iklan luar ruangan	[iklan luar ruaŋan]
Massenmedien (pl)	media massa	[media massa]
Zeitschrift (f)	terbitan berkala	[tərbitan bərkala]
Image (n)	citra	[tʃitra]
Losung (f)	slogan, semboyan	[slogan], [semboyan]
Motto (n)	moto	[moto]
Kampagne (f)	kampanye	[kampanje]
Werbekampagne (f)	kampanye iklan	[kampanje iklan]
Zielgruppe (f)	khalayak sasaran	[halajaʔ sasaran]
Visitenkarte (f)	kartu nama	[kartu nama]
Flugblatt (n)	selebaran	[selebaran]
Broschüre (f)	brosur	[brosur]
Faltblatt (n)	pamflet	[pamflet]
Informationsblatt (n)	buletin	[buletin]
Firmenschild (n)	papan nama	[papan nama]
Plakat (n)	poster	[poster]
Werbeschild (n)	papan iklan	[papan iklan]

78. Bankgeschäft

Bank (f)	bank	[banʔ]
Filiale (f)	cabang	[tʃabaŋ]
Berater (m)	konsultan	[konsultan]
Leiter (m)	manajer	[manadʒ'er]
Konto (n)	rekening	[rekeniŋ]
Kontonummer (f)	nomor rekening	[nomor rekeniŋ]
Kontokorrent (n)	rekening koran	[rekeniŋ koran]
Sparkonto (n)	rekening simpanan	[rekeniŋ simpanan]
ein Konto eröffnen	membuka rekening	[membuka rekeniŋ]
das Konto schließen	menutup rekening	[mənutup rekeniŋ]
einzahlen (vt)	memasukkan ke rekening	[memasuʔkan ke rekeniŋ]
abheben (vt)	menarik uang	[mənariʔ uaŋ]
Einzahlung (f)	deposito	[deposito]
eine Einzahlung machen	melakukan setoran	[melakukan setoran]
Überweisung (f)	transfer kawat	[transfer kawat]

überweisen (vt)	mentransfer	[məntransfer]
Summe (f)	jumlah	[dʒˈumlah]
Wieviel?	Berapa?	[bərapa?]

| Unterschrift (f) | tanda tangan | [tanda taŋan] |
| unterschreiben (vt) | menandatangani | [mənandataŋani] |

Kreditkarte (f)	kartu kredit	[kartu kredit]
Code (m)	kode	[kode]
Kreditkartennummer (f)	nomor kartu kredit	[nomor kartu kredit]
Geldautomat (m)	Anjungan Tunai Mandiri, ATM	[andʒˈuŋan tunaj mandiri], [a-te-em]

Scheck (m)	cek	[tʃeʔ]
einen Scheck schreiben	menulis cek	[mənulis tʃeʔ]
Scheckbuch (n)	buku cek	[buku tʃeʔ]

Darlehen (m)	kredit, pinjaman	[kredit], [pindʒˈaman]
ein Darlehen beantragen	meminta kredit	[meminta kredit]
ein Darlehen aufnehmen	mendapatkan kredit	[məndapatkan kredit]
ein Darlehen geben	memberikan kredit	[memberikan kredit]
Sicherheit (f)	jaminan	[dʒˈaminan]

79. Telefon. Telefongespräche

Telefon (n)	telepon	[telepon]
Mobiltelefon (n)	ponsel	[ponsel]
Anrufbeantworter (m)	mesin penjawab panggilan	[mesin pendʒˈawab paŋgilan]

| anrufen (vt) | menelepon | [mənelepon] |
| Anruf (m) | panggilan telepon | [paŋgilan telepon] |

eine Nummer wählen	memutar nomor telepon	[memutar nomor telepon]
Hallo!	Halo!	[halo!]
fragen (vt)	bertanya	[bertanja]
antworten (vi)	menjawab	[məndʒˈawab]

hören (vt)	mendengar	[məndeŋar]
gut (~ aussehen)	baik	[bajʔ]
schlecht (Adv)	buruk, jelek	[buruk], [dʒˈeleʔ]
Störungen (pl)	bising, gangguan	[bisiŋ], [gaŋguan]

Hörer (m)	gagang	[gagaŋ]
den Hörer abnehmen	mengangkat telepon	[məŋaŋkat telepon]
auflegen (den Hörer ~)	menutup telepon	[mənutup telepon]

besetzt	sibuk	[sibuʔ]
läuten (vi)	berdering	[berderiŋ]
Telefonbuch (n)	buku telepon	[buku telepon]

Orts-Ortsgespräch (n)	lokal	[lokal]
	panggilan lokal	[paŋgilan lokal]
Auslands-Auslandsgespräch (n)	internasional	[internasional]
	panggilan internasional	[paŋgilan internasional]

| Fern- | interlokal | [interlokal] |
| Ferngespräch (n) | panggilan interlokal | [paŋgilan interlokal] |

80. Mobiltelefon

Mobiltelefon (n)	ponsel	[ponsel]
Display (n)	layar	[lajar]
Knopf (m)	kenop	[kenop]
SIM-Karte (f)	kartu SIM	[kartu sim]

Batterie (f)	baterai	[bateraj]
leer sein (Batterie)	mati	[mati]
Ladegerät (n)	pengisi baterai, pengecas	[peŋisi bateraj], [peŋetʃas]

| Menü (n) | menu | [menu] |
| Einstellungen (pl) | penyetelan | [penjetelan] |

| Melodie (f) | nada panggil | [nada paŋgil] |
| auswählen (vt) | memilih | [memilih] |

Rechner (m)	kalkulator	[kalkulator]
Anrufbeantworter (m)	penjawab telepon	[pendʒ'awab telepon]
Wecker (m)	weker	[weker]
Kontakte (pl)	buku telepon	[buku telepon]

| SMS-Nachricht (f) | pesan singkat | [pesan siŋkat] |
| Teilnehmer (m) | pelanggan | [pelaŋgan] |

81. Bürobedarf

| Kugelschreiber (m) | bolpen | [bolpen] |
| Federhalter (m) | pena celup | [pena tʃelup] |

Bleistift (m)	pensil	[pensil]
Faserschreiber (m)	spidol	[spidol]
Filzstift (m)	spidol	[spidol]

| Notizblock (m) | buku catatan | [buku tʃatatan] |
| Terminkalender (m) | agenda | [agenda] |

Lineal (n)	mistar, penggaris	[mistar], [peŋgaris]
Rechner (m)	kalkulator	[kalkulator]
Radiergummi (m)	karet penghapus	[karet peŋhapus]

| Reißzwecke (f) | paku payung | [paku pajuŋ] |
| Heftklammer (f) | penjepit kertas | [pendʒ'epit kertas] |

| Klebstoff (m) | lem | [lem] |
| Hefter (m) | stapler | [stapler] |

| Locher (m) | alat pelubang kertas | [alat pelubaŋ kertas] |
| Bleistiftspitzer (m) | rautan pensil | [rautan pensil] |

82. Geschäftsarten

Buchführung (f)	jasa akuntansi	[dʒ‍asa akuntansi]
Werbung (f)	periklanan	[periklanan]
Werbeagentur (f)	biro periklanan	[biro periklanan]
Klimaanlagen (pl)	penyejuk udara	[penjedʒ‍u' udara]
Fluggesellschaft (f)	maskapai penerbangan	[maskapaj penerbaŋan]
Spirituosen (pl)	minuman beralkohol	[minuman beralkohol]
Antiquitäten (pl)	antikuariat	[antikuariat]
Kunstgalerie (f)	galeri seni	[galeri seni]
Rechnungsprüfung (f)	jasa audit	[dʒ‍asa audit]
Bankwesen (n)	industri perbankan	[industri perbankan]
Bar (f)	bar	[bar]
Schönheitssalon (m)	salon kecantikan	[salon ketʃantikan]
Buchhandlung (f)	toko buku	[toko buku]
Bierbrauerei (f)	pabrik bir	[pabri' bir]
Bürogebäude (n)	pusat bisnis	[pusat bisnis]
Business-Schule (f)	sekolah bisnis	[sekolah bisnis]
Kasino (n)	kasino	[kasino]
Bau (m)	pembangunan	[pembaŋunan]
Beratung (f)	jasa konsultasi	[dʒ‍asa konsultasi]
Stomatologie (f)	klinik gigi	[klini' gigi]
Design (n)	desain	[desajn]
Apotheke (f)	apotek, toko obat	[apotek], [toko obat]
chemische Reinigung (f)	penatu kimia	[penatu kimia]
Personalagentur (f)	biro tenaga kerja	[biro tenaga kerdʒ‍a]
Finanzdienstleistungen (pl)	jasa finansial	[dʒ‍asa finansial]
Nahrungsmittel (pl)	produk makanan	[produ' makanan]
Bestattungsinstitut (n)	rumah duka	[rumah duka]
Möbel (n)	mebel	[mebel]
Kleidung (f)	pakaian, busana	[pakajan], [busana]
Hotel (n)	hotel	[hotel]
Eis (n)	es krim	[es krim]
Industrie (f)	industri	[industri]
Versicherung (f)	asuransi	[asuransi]
Internet (n)	Internet	[internet]
Investitionen (pl)	investasi	[investasi]
Juwelier (m)	tukang perhiasan	[tukaŋ perhiasan]
Juwelierwaren (pl)	perhiasan	[perhiasan]
Wäscherei (f)	penatu	[penatu]
Rechtsberatung (f)	penasihat hukum	[penasihat hukum]
Leichtindustrie (f)	industri ringan	[industri riŋan]
Zeitschrift (f)	majalah	[madʒ‍alah]
Versandhandel (m)	perniagaan pesanan pos	[perniaga'an pesanan pos]
Medizin (f)	kedokteran	[kedokteran]
Kino (Filmtheater)	bioskop	[bioskop]
Museum (n)	museum	[museum]

Nachrichtenagentur (f)	kantor berita	[kantor bərita]
Zeitung (f)	koran	[koran]
Nachtklub (m)	klub malam	[klub malam]
Erdöl (n)	petroleum, minyak	[petroleum], [minjaʔ]
Kurierdienst (m)	jasa kurir	[dʒˈasa kurir]
Pharmaindustrie (f)	farmasi	[farmasi]
Druckindustrie (f)	percetakan	[pərt͡ʃetakan]
Verlag (m)	penerbit	[penerbit]
Rundfunk (m)	radio	[radio]
Immobilien (pl)	properti, lahan yasan	[properti], [lahan yasan]
Restaurant (n)	restoran	[restoran]
Sicherheitsagentur (f)	biro keamanan	[biro keamanan]
Sport (m)	olahraga	[olahraga]
Börse (f)	bursa efek	[bursa efeʔ]
Laden (m)	toko	[toko]
Supermarkt (m)	pasar swalayan	[pasar swalajan]
Schwimmbad (n)	kolam renang	[kolam renaŋ]
Atelier (n)	rumah jahit	[rumah dʒˈahit]
Fernsehen (n)	televisi	[televisi]
Theater (n)	teater	[teater]
Handel (m)	perdagangan	[pərdagaŋan]
Transporte (pl)	transportasi, angkutan	[transportasi], [aŋkutan]
Reisen (pl)	pariwisata	[pariwisata]
Tierarzt (m)	dokter hewan	[dokter hewan]
Warenlager (n)	gudang	[gudaŋ]
Müllabfuhr (f)	pemungutan sampah	[pemuŋutan sampah]

Arbeit. Geschäft. Teil 2

83. Show. Ausstellung

Ausstellung (f)	pameran	[pameran]
Handelsausstellung (f)	pameran perdagangan	[pameran pərdagaŋan]
Teilnahme (f)	partisipasi	[partisipasi]
teilnehmen (vi)	turut serta	[turut serta]
Teilnehmer (m)	partisipan, peserta	[partisipan], [peserta]
Direktor (m)	direktur	[direktur]
Messeverwaltung (f)	biro penyelenggara kegiatan	[biro penelengara kegiatan]
Organisator (m)	penyelenggara	[penjeleŋgara]
veranstalten (vt)	menyelenggarakan	[mənjeleŋgarakan]
Anmeldeformular (n)	formulir keikutsertaan	[formulir keikutserta'an]
ausfüllen (vt)	mengisi	[məŋisi]
Details (pl)	detail	[detajl]
Information (f)	informasi	[informasi]
Preis (m)	harga	[harga]
einschließlich	termasuk	[tərmasu']
einschließen (vt)	mencakup	[məntʃakup]
zahlen (vt)	membayar	[membajar]
Anmeldegebühr (f)	biaya pendaftaran	[biaja pendaftaran]
Eingang (m)	masuk	[masu']
Pavillon (m)	paviliun	[paviliun]
registrieren (vt)	mendaftar	[məndaftar]
Namensschild (n)	label identitas	[label identitas]
Stand (m)	stand	[stand]
reservieren (vt)	memesan	[memesan]
Vitrine (f)	dagang layar kaca	[dagaŋ lajar katʃa]
Strahler (m)	lampu	[lampu]
Design (n)	desain	[desajn]
stellen (vt)	menempatkan	[mənempatkan]
gelegen sein	diletakkan	[dileta'kan]
Distributor (m)	penyalur	[penjalur]
Lieferant (m)	penyuplai	[penjuplaj]
liefern (vt)	menyuplai	[mənjuplaj]
Land (n)	negara, negeri	[negara], [negeri]
ausländisch	asing	[asiŋ]
Produkt (n)	produk	[produ']
Assoziation (f)	asosiasi, perhimpunan	[asosiasi], [pərhimpunan]

Konferenzraum (m)	gedung pertemuan	[gəduŋ pərtemuan]
Kongress (m)	kongres	[koŋres]
Wettbewerb (m)	kontes	[kontes]
Besucher (m)	pengunjung	[pəŋundʒʲuŋ]
besuchen (vt)	mendatangi	[məndataŋi]
Auftraggeber (m)	pelanggan	[pelaŋgan]

84. Wissenschaft. Forschung. Wissenschaftler

Wissenschaft (f)	ilmu	[ilmu]
wissenschaftlich	ilmiah	[ilmiah]
Wissenschaftler (m)	ilmuwan	[ilmuwan]
Theorie (f)	teori	[teori]

Axiom (n)	aksioma	[aksioma]
Analyse (f)	analisis	[analisis]
analysieren (vt)	menganalisis	[məŋanalisis]
Argument (n)	argumen	[argumen]
Substanz (f)	zat, bahan	[zat], [bahan]

Hypothese (f)	hipotesis	[hipotesis]
Dilemma (n)	dilema	[dilema]
Dissertation (f)	disertasi	[disertasi]
Dogma (n)	dogma	[dogma]

Doktrin (f)	doktrin	[doktrin]
Forschung (f)	riset, penelitian	[riset], [penelitian]
forschen (vi)	penelitian	[penelitian]
Kontrolle (f)	pengujian	[pəŋudʒian]
Labor (n)	laboratorium	[laboratorium]

Methode (f)	metode	[metode]
Molekül (n)	molekul	[molekul]
Monitoring (n)	pemonitoran	[pemonitoran]
Entdeckung (f)	penemuan	[penemuan]

Postulat (n)	postulat	[postulat]
Prinzip (n)	prinsip	[prinsip]
Prognose (f)	prakiraan	[prakira'an]
prognostizieren (vt)	memprakirakan	[memprakirakan]

Synthese (f)	sintesis	[sintesis]
Tendenz (f)	tendensi	[tendensi]
Theorem (n)	teorema	[teorema]

Lehre (Doktrin)	ajaran	[adʒʲaran]
Tatsache (f)	fakta	[fakta]
Expedition (f)	ekspedisi	[ekspedisi]
Experiment (n)	eksperimen	[eksperimen]

Akademiemitglied (n)	akademikus	[akademikus]
Bachelor (m)	sarjana	[sardʒʲana]
Doktor (m)	doktor	[doktor]

Dozent (m)	Profesor Madya	[profesor madja]
Magister (m)	Master	[master]
Professor (m)	profesor	[profesor]

Berufe und Tätigkeiten

85. Arbeitsuche. Kündigung

Arbeit (f), Stelle (f)	kerja, pekerjaan	[kerdʒʲa], [pekerdʒʲa'an]
Belegschaft (f)	staf, personalia	[staf], [personalia]
Personal (n)	staf, personel	[staf], [personel]
Karriere (f)	karier	[karier]
Perspektive (f)	perspektif	[perspektif]
Können (n)	keterampilan	[keterampilan]
Auswahl (f)	pilihan	[pilihan]
Personalagentur (f)	biro tenaga kerja	[biro tenaga kerdʒʲa]
Lebenslauf (m)	resume	[resume]
Vorstellungsgespräch (n)	wawancara kerja	[wawantʃara kerdʒʲa]
Vakanz (f)	lowongan	[lowoŋan]
Gehalt (n)	gaji, upah	[gadʒi], [upah]
festes Gehalt (n)	gaji tetap	[gadʒi tetap]
Arbeitslohn (m)	bayaran	[bajaran]
Stellung (f)	jabatan	[dʒʲabatan]
Pflicht (f)	tugas	[tugas]
Aufgabenspektrum (n)	bidang tugas	[bidaŋ tugas]
beschäftigt	sibuk	[sibu']
kündigen (vt)	memecat	[memetʃat]
Kündigung (f)	pemecatan	[pemetʃatan]
Arbeitslosigkeit (f)	pengangguran	[peŋaŋguran]
Arbeitslose (m)	penggranggur	[peŋgaŋgur]
Rente (f), Ruhestand (m)	pensiun	[pensiun]
in Rente gehen	pensiun	[pensiun]

86. Geschäftsleute

Direktor (m)	direktur	[direktur]
Leiter (m)	manajer	[manadʒʲer]
Boss (m)	bos, atasan	[bos], [atasan]
Vorgesetzte (m)	atasan	[atasan]
Vorgesetzten (pl)	atasan	[atasan]
Präsident (m)	presiden	[presiden]
Vorsitzende (m)	ketua, dirut	[ketua], [dirut]
Stellvertreter (m)	wakil	[wakil]
Helfer (m)	asisten	[asisten]

Sekretär (m)	sekretaris	[sekretaris]
Privatsekretär (m)	asisten pribadi	[asisten pribadi]
Geschäftsmann (m)	pengusaha, pebisnis	[peŋusaha], [pebisnis]
Unternehmer (m)	pengusaha	[peŋusaha]
Gründer (m)	pendiri	[pendiri]
gründen (vt)	mendirikan	[məndirikan]
Gründungsmitglied (n)	pendiri	[pendiri]
Partner (m)	mitra	[mitra]
Aktionär (m)	pemegang saham	[pemegaŋ saham]
Millionär (m)	jutawan	[dʒʲutawan]
Milliardär (m)	miliarder	[miliarder]
Besitzer (m)	pemilik	[pemiliʔ]
Landbesitzer (m)	tuan tanah	[tuan tanah]
Kunde (m)	klien	[klien]
Stammkunde (m)	klien tetap	[klien tetap]
Käufer (m)	pembeli	[pembeli]
Besucher (m)	tamu	[tamu]
Fachmann (m)	profesional	[profesional]
Experte (m)	pakar, ahli	[pakar], [ahli]
Spezialist (m)	spesialis, ahli	[spesialis], [ahli]
Bankier (m)	bankir	[bankir]
Makler (m)	broker, pialang	[broker], [pialaŋ]
Kassierer (m)	kasir	[kasir]
Buchhalter (m)	akuntan	[akuntan]
Wächter (m)	satpam, pengawal	[satpam], [peŋawal]
Investor (m)	investor	[investor]
Schuldner (m)	debitur	[debitur]
Gläubiger (m)	kreditor	[kreditor]
Kreditnehmer (m)	peminjam	[memindʒʲam]
Importeur (m)	importir	[importir]
Exporteur (m)	eksportir	[eksportir]
Hersteller (m)	produsen	[produsen]
Distributor (m)	penyalur	[penjalur]
Vermittler (m)	perantara	[perantara]
Berater (m)	konsultan	[konsultan]
Vertreter (m)	perwakilan penjualan	[perwakilan pendʒʲualan]
Agent (m)	agen	[agen]
Versicherungsagent (m)	agen asuransi	[agen asuransi]

87. Dienstleistungsberufe

Koch (m)	koki, juru masak	[koki], [dʒʲuru masaʔ]
Chefkoch (m)	koki kepala	[koki kepala]

Bäcker (m)	pembuat roti	[pembuat roti]
Barmixer (m)	pelayan bar	[pelajan bar]
Kellner (m)	pelayan lelaki	[pelajan lelaki]
Kellnerin (f)	pelayan perempuan	[pelajan pərempuan]
Rechtsanwalt (m)	advokat, pengacara	[advokat], [peŋatʃara]
Jurist (m)	ahli hukum	[ahli hukum]
Notar (m)	notaris	[notaris]
Elektriker (m)	tukang listrik	[tukaŋ listriʔ]
Klempner (m)	tukang pipa	[tukaŋ pipa]
Zimmermann (m)	tukang kayu	[tukaŋ kaju]
Masseur (m)	tukang pijat lelaki	[tukaŋ pidʒʲat lelaki]
Masseurin (f)	tukang pijat perempuan	[tukaŋ pidʒʲat pərempuan]
Arzt (m)	dokter	[dokter]
Taxifahrer (m)	sopir taksi	[sopir taksi]
Fahrer (m)	sopir	[sopir]
Ausfahrer (m)	kurir	[kurir]
Zimmermädchen (n)	pelayan kamar	[pelajan kamar]
Wächter (m)	satpam, pengawal	[satpam], [peŋawal]
Flugbegleiterin (f)	pramugari	[pramugari]
Lehrer (m)	guru	[guru]
Bibliothekar (m)	pustakawan	[pustakawan]
Übersetzer (m)	penerjemah	[penerdʒʲemah]
Dolmetscher (m)	juru bahasa	[dʒʲuru bahasa]
Fremdenführer (m)	pemandu wisata	[pemandu wisata]
Friseur (m)	tukang cukur	[tukaŋ tʃukur]
Briefträger (m)	tukang pos	[tukaŋ pos]
Verkäufer (m)	pramuniaga	[pramuniaga]
Gärtner (m)	tukang kebun	[tukaŋ kebun]
Diener (m)	pramuwisma	[pramuwisma]
Magd (f)	pramuwisma	[pramuwisma]
Putzfrau (f)	pembersih ruangan	[pembersih ruaŋan]

88. Militärdienst und Ränge

einfacher Soldat (m)	prajurit	[pradʒʲurit]
Feldwebel (m)	sersan	[sersan]
Leutnant (m)	letnan	[letnan]
Hauptmann (m)	kapten	[kapten]
Major (m)	mayor	[major]
Oberst (m)	kolonel	[kolonel]
General (m)	jenderal	[dʒʲenderal]
Marschall (m)	marsekal	[marsekal]
Admiral (m)	laksamana	[laksamana]
Militärperson (f)	anggota militer	[aŋgota militer]
Soldat (m)	tentara, serdadu	[tentara], [serdadu]

Offizier (m)	perwira	[pərwira]
Kommandeur (m)	komandan	[komandan]
Grenzsoldat (m)	penjaga perbatasan	[pendʒʲaga pərbatasan]
Funker (m)	operator radio	[operator radio]
Aufklärer (m)	pengintai	[pəɲintaj]
Pionier (m)	pencari ranjau	[pentʃari randʒʲau]
Schütze (m)	petembak	[petembaʔ]
Steuermann (m)	navigator, penavigasi	[navigator], [penavigasi]

89. Beamte. Priester

König (m)	raja	[radʒʲa]
Königin (f)	ratu	[ratu]
Prinz (m)	pangeran	[paŋeran]
Prinzessin (f)	putri	[putri]
Zar (m)	tsar, raja	[tsar], [radʒʲa]
Zarin (f)	tsarina, ratu	[tsarina], [ratu]
Präsident (m)	presiden	[presiden]
Minister (m)	Menteri Sekretaris	[mənteri sekretaris]
Ministerpräsident (m)	perdana menteri	[pərdana menteri]
Senator (m)	senator	[senator]
Diplomat (m)	diplomat	[diplomat]
Konsul (m)	konsul	[konsul]
Botschafter (m)	duta besar	[duta besar]
Ratgeber (m)	penasihat	[penasihat]
Beamte (m)	petugas	[petugas]
Präfekt (m)	prefek	[prefeʔ]
Bürgermeister (m)	walikota	[walikota]
Richter (m)	hakim	[hakim]
Staatsanwalt (m)	kejaksaan negeri	[kedʒʲaksaʔan negeri]
Missionar (m)	misionaris	[misionaris]
Mönch (m)	biarawan, rahib	[biarawan], [rahib]
Abt (m)	abbas	[abbas]
Rabbiner (m)	rabbi	[rabbi]
Wesir (m)	wazir	[wazir]
Schah (n)	syah	[ʃah]
Scheich (m)	syeikh	[ʃejh]

90. Landwirtschaftliche Berufe

Bienenzüchter (m)	peternak lebah	[peternaʔ lebah]
Hirt (m)	penggembala	[peŋgembala]
Agronom (m)	agronom	[agronom]

| Viehzüchter (m) | peternak | [peternaʔ] |
| Tierarzt (m) | dokter hewan | [dokter hewan] |

Farmer (m)	petani	[petani]
Winzer (m)	pembuat anggur	[pembuat aŋgur]
Zoologe (m)	zoolog	[zoolog]
Cowboy (m)	koboi	[koboi]

91. Künstler

| Schauspieler (m) | aktor | [aktor] |
| Schauspielerin (f) | aktris | [aktris] |

| Sänger (m) | biduan | [biduan] |
| Sängerin (f) | biduanita | [biduanita] |

| Tänzer (m) | penari lelaki | [penari lelaki] |
| Tänzerin (f) | penari perempuan | [penari pərempuan] |

| Künstler (m) | artis | [artis] |
| Künstlerin (f) | artis | [artis] |

Musiker (m)	musisi, musikus	[musisi], [musikus]
Pianist (m)	pianis	[pianis]
Gitarrist (m)	pemain gitar	[pemajn gitar]

Dirigent (m)	konduktor	[konduktor]
Komponist (m)	komposer, komponis	[komposer], [komponis]
Manager (m)	impresario	[impresario]

Regisseur (m)	sutradara	[sutradara]
Produzent (m)	produser	[produser]
Drehbuchautor (m)	penulis skenario	[penulis skenario]
Kritiker (m)	kritikus	[kritikus]

Schriftsteller (m)	penulis	[penulis]
Dichter (m)	penyair	[penjajr]
Bildhauer (m)	pematung	[pematuŋ]
Maler (m)	perupa	[pərupa]

Jongleur (m)	juggler	[dʒʲuggler]
Clown (m)	badut	[badut]
Akrobat (m)	akrobat	[akrobat]
Zauberkünstler (m)	pesulap	[pesulap]

92. Verschiedene Berufe

Arzt (m)	dokter	[dokter]
Krankenschwester (f)	suster, juru rawat	[suster], [dʒʲuru rawat]
Psychiater (m)	psikiater	[psikiater]
Zahnarzt (m)	dokter gigi	[dokter gigi]
Chirurg (m)	dokter bedah	[dokter bedah]

Deutsch	Indonesisch	Aussprache
Astronaut (m)	astronaut	[astronaut]
Astronom (m)	astronom	[astronom]
Pilot (m)	pilot	[pilot]
Fahrer (Taxi-)	sopir	[sopir]
Lokomotivführer (m)	masinis	[masinis]
Mechaniker (m)	mekanik	[mekaniʔ]
Bergarbeiter (m)	penambang	[penambaŋ]
Arbeiter (m)	buruh, pekerja	[buruh], [pekerdʒʲa]
Schlosser (m)	tukang kikir	[tukaŋ kikir]
Tischler (m)	tukang kayu	[tukaŋ kaju]
Dreher (m)	tukang bubut	[tukaŋ bubut]
Bauarbeiter (m)	buruh bangunan	[buruh baŋunan]
Schweißer (m)	tukang las	[tukaŋ las]
Professor (m)	profesor	[profesor]
Architekt (m)	arsitek	[arsiteʔ]
Historiker (m)	sejarawan	[sedʒʲarawan]
Wissenschaftler (m)	ilmuwan	[ilmuwan]
Physiker (m)	fisikawan	[fisikawan]
Chemiker (m)	kimiawan	[kimiawan]
Archäologe (m)	arkeolog	[arkeolog]
Geologe (m)	geolog	[geolog]
Forscher (m)	periset, peneliti	[pəriset], [peneliti]
Kinderfrau (f)	pengasuh anak	[peŋasuh anaʔ]
Lehrer (m)	guru, pendidik	[guru], [pendidiʔ]
Redakteur (m)	editor, penyunting	[editor], [penyuntiŋ]
Chefredakteur (m)	editor kepala	[editor kepala]
Korrespondent (m)	koresponden	[koresponden]
Schreibkraft (f)	juru ketik	[dʒʲuru ketiʔ]
Designer (m)	desainer, perancang	[desajner], [pərantʃaŋ]
Computerspezialist (m)	ahli komputer	[ahli komputer]
Programmierer (m)	pemrogram	[pemrogram]
Ingenieur (m)	insinyur	[insinyur]
Seemann (m)	pelaut	[pelaut]
Matrose (m)	kelasi	[kelasi]
Retter (m)	penyelamat	[penjelamat]
Feuerwehrmann (m)	pemadam kebakaran	[pemadam kebakaran]
Polizist (m)	polisi	[polisi]
Nachtwächter (m)	penjaga	[pendʒʲaga]
Detektiv (m)	detektif	[detektif]
Zollbeamter (m)	petugas pabean	[petugas pabean]
Leibwächter (m)	pengawal pribadi	[peŋawal pribadi]
Gefängniswärter (m)	sipir, penjaga penjara	[sipir], [pendʒʲaga pendʒʲara]
Inspektor (m)	inspektur	[inspektur]
Sportler (m)	olahragawan	[olahragawan]
Trainer (m)	pelatih	[pelatih]

Fleischer (m)	tukang daging	[tukaŋ dagiŋ]
Schuster (m)	tukang sepatu	[tukaŋ sepatu]
Geschäftsmann (m)	pedagang	[pedagaŋ]
Ladearbeiter (m)	kuli	[kuli]
Modedesigner (m)	perancang busana	[pərantʃaŋ busana]
Modell (n)	peragawati	[peragawati]

93. Beschäftigung. Sozialstatus

Schüler (m)	siswa	[siswa]
Student (m)	mahasiswa	[mahasiswa]
Philosoph (m)	filsuf	[filsuf]
Ökonom (m)	ahli ekonomi	[ahli ekonomi]
Erfinder (m)	penemu	[penemu]
Arbeitslose (m)	pengganggur	[peŋgaŋgur]
Rentner (m)	pensiunan	[pensiunan]
Spion (m)	mata-mata	[mata-mata]
Gefangene (m)	tahanan	[tahanan]
Streikender (m)	pemogok	[pemogoʔ]
Bürokrat (m)	birokrat	[birokrat]
Reisende (m)	pelancong	[pelantʃoŋ]
Homosexuelle (m)	homo, homoseksual	[homo], [homoseksual]
Hacker (m)	peretas	[peretas]
Hippie (m)	hipi	[hipi]
Bandit (m)	bandit	[bandit]
Killer (m)	pembunuh bayaran	[pembunuh bajaran]
Drogenabhängiger (m)	pecandu narkoba	[petʃandu narkoba]
Drogenhändler (m)	pengedar narkoba	[peŋedar narkoba]
Prostituierte (f)	pelacur	[pelatʃur]
Zuhälter (m)	germo	[germo]
Zauberer (m)	penyihir lelaki	[penjihir lelaki]
Zauberin (f)	penyihir perempuan	[penjihir perempuan]
Seeräuber (m)	bajak laut	[badʒaʔ laut]
Sklave (m)	budak	[budaʔ]
Samurai (m)	samurai	[samuraj]
Wilde (m)	orang primitif	[oraŋ primitif]

Ausbildung

94. Schule

| Schule (f) | sekolah | [sekolah] |
| Schulleiter (m) | kepala sekolah | [kepala sekolah] |

Schüler (m)	murid laki-laki	[murid laki-laki]
Schülerin (f)	murid perempuan	[murid perempuan]
Schuljunge (m)	siswa	[siswa]
Schulmädchen (f)	siswi	[siswi]

lehren (vt)	mengajar	[məŋadʒʲar]
lernen (Englisch ~)	belajar	[beladʒʲar]
auswendig lernen	menghafalkan	[məŋhafalkan]

lernen (vi)	belajar	[beladʒʲar]
in der Schule sein	bersekolah	[bərsekolah]
die Schule besuchen	ke sekolah	[ke sekolah]

| Alphabet (n) | alfabet, abjad | [alfabet], [abdʒʲad] |
| Fach (n) | subjek, mata pelajaran | [subdʒʲek], [mata peladʒʲaran] |

Klassenraum (m)	ruang kelas	[ruaŋ kelas]
Stunde (f)	pelajaran	[peladʒʲaran]
Pause (f)	waktu istirahat	[waktu istirahat]
Schulglocke (f)	lonceng	[lontʃeŋ]
Schulbank (f)	bangku sekolah	[baŋku sekolah]
Tafel (f)	papan tulis hitam	[papan tulis hitam]

Note (f)	nilai	[nilaj]
gute Note (f)	nilai baik	[nilaj bajʔ]
schlechte Note (f)	nilai jelek	[nilaj dʒʲeleʔ]
eine Note geben	memberikan nilai	[memberikan nilaj]

Fehler (m)	kesalahan	[kesalahan]
Fehler machen	melakukan kesalahan	[melakukan kesalahan]
korrigieren (vt)	mengoreksi	[məŋoreksi]
Spickzettel (m)	contekan	[tʃontekan]

| Hausaufgabe (f) | pekerjaan rumah | [pekerdʒʲaʔan rumah] |
| Übung (f) | latihan | [latihan] |

anwesend sein	hadir	[hadir]
fehlen (in der Schule ~)	absen, tidak hadir	[absen], [tidaʔ hadir]
versäumen (Schule ~)	absen dari sekolah	[absen dari sekolah]

bestrafen (vt)	menghukum	[məŋhukum]
Strafe (f)	hukuman	[hukuman]
Benehmen (n)	perilaku	[perilaku]

Zeugnis (n)	rapor	[rapor]
Bleistift (m)	pensil	[pensil]
Radiergummi (m)	karet penghapus	[karet peŋhapus]
Kreide (f)	kapur	[kapur]
Federkasten (m)	kotak pensil	[kota' pensil]

Schulranzen (m)	tas sekolah	[tas sekolah]
Kugelschreiber, Stift (m)	pen	[pen]
Heft (n)	buku tulis	[buku tulis]
Lehrbuch (n)	buku pelajaran	[buku peladʒˈaran]
Zirkel (m)	paser, jangka	[paser], [dʒˈaŋka]

| zeichnen (vt) | menggambar | [məŋgambar] |
| Zeichnung (f) | gambar teknik | [gambar tekni'] |

Gedicht (n)	puisi, sajak	[puisi], [sadʒˈa']
auswendig (Adv)	hafal	[hafal]
auswendig lernen	menghafalkan	[məŋhafalkan]

Ferien (pl)	liburan sekolah	[liburan sekolah]
in den Ferien sein	berlibur	[bərlibur]
Ferien verbringen	menjalani liburan	[məndʒˈalani liburan]

Test (m), Prüfung (f)	tes, kuis	[tes], [kuis]
Aufsatz (m)	esai, karangan	[esaj], [karaŋan]
Diktat (n)	dikte	[dikte]
Prüfung (f)	ujian	[udʒian]
Prüfungen ablegen	menempuh ujian	[mənempuh udʒian]
Experiment (n)	eksperimen	[eksperimen]

95. Hochschule. Universität

Akademie (f)	akademi	[akademi]
Universität (f)	universitas	[universitas]
Fakultät (f)	fakultas	[fakultas]

Student (m)	mahasiswa	[mahasiswa]
Studentin (f)	mahasiswi	[mahasiswi]
Lehrer (m)	dosen	[dosen]

| Hörsaal (m) | ruang kuliah | [ruaŋ kuliah] |
| Hochschulabsolvent (m) | lulusan | [lulusan] |

| Diplom (n) | ijazah | [idʒˈazah] |
| Dissertation (f) | disertasi | [disertasi] |

| Forschung (f) | penelitian | [penelitian] |
| Labor (n) | laboratorium | [laboratorium] |

| Vorlesung (f) | kuliah | [kuliah] |
| Kommilitone (m) | rekan sekuliah | [rekan sekuliah] |

| Stipendium (n) | beasiswa | [beasiswa] |
| akademischer Grad (m) | gelar akademik | [gelar akademi'] |

96. Naturwissenschaften. Fächer

Mathematik (f)	matematika	[matematika]
Algebra (f)	aljabar	[aldʒˈabar]
Geometrie (f)	geometri	[geometri]
Astronomie (f)	astronomi	[astronomi]
Biologie (f)	biologi	[biologi]
Erdkunde (f)	geografi	[geografi]
Geologie (f)	geologi	[geologi]
Geschichte (f)	sejarah	[sedʒˈarah]
Medizin (f)	kedokteran	[kedokteran]
Pädagogik (f)	pedagogi	[pedagogi]
Recht (n)	hukum	[hukum]
Physik (f)	fisika	[fisika]
Chemie (f)	kimia	[kimia]
Philosophie (f)	filsafat	[filsafat]
Psychologie (f)	psikologi	[psikologi]

97. Schrift Rechtschreibung

Grammatik (f)	tatabahasa	[tatabahasa]
Lexik (f)	kosakata	[kosakata]
Phonetik (f)	fonetik	[fonetiʔ]
Substantiv (n)	nomina	[nomina]
Adjektiv (n)	adjektiva	[adʒˈektiva]
Verb (n)	verba	[verba]
Adverb (n)	adverbia	[adverbia]
Pronomen (n)	kata ganti	[kata ganti]
Interjektion (f)	kata seru	[kata seru]
Präposition (f)	preposisi, kata depan	[preposisi], [kata depan]
Wurzel (f)	kata dasar	[kata dasar]
Endung (f)	akhiran	[ahiran]
Vorsilbe (f)	prefiks, awalan	[prefiks], [awalan]
Silbe (f)	suku kata	[suku kata]
Suffix (n), Nachsilbe (f)	sufiks, akhiran	[sufiks], [ahiran]
Betonung (f)	tanda tekanan	[tanda tekanan]
Apostroph (m)	apostrofi	[apostrofi]
Punkt (m)	titik	[titiʔ]
Komma (n)	koma	[koma]
Semikolon (n)	titik koma	[titiʔ koma]
Doppelpunkt (m)	titik dua	[titiʔ dua]
Auslassungspunkte (pl)	elipsis, lesapan	[elipsis], [lesapan]
Fragezeichen (n)	tanda tanya	[tanda tanja]
Ausrufezeichen (n)	tanda seru	[tanda seru]

Anführungszeichen (pl)	tanda petik	[tanda petiʔ]
in Anführungszeichen	dalam tanda petik	[dalam tanda petiʔ]
runde Klammern (pl)	tanda kurung	[tanda kuruŋ]
in Klammern	dalam tanda kurung	[dalam tanda kuruŋ]
Bindestrich (m)	tanda pisah	[tanda pisah]
Gedankenstrich (m)	tanda hubung	[tanda hubuŋ]
Leerzeichen (n)	spasi	[spasi]
Buchstabe (m)	huruf	[huruf]
Großbuchstabe (m)	huruf kapital	[huruf kapital]
Vokal (m)	vokal	[vokal]
Konsonant (m)	konsonan	[konsonan]
Satz (m)	kalimat	[kalimat]
Subjekt (n)	subjek	[subdʒʲeʔ]
Prädikat (n)	predikat	[predikat]
Zeile (f)	baris	[baris]
in einer neuen Zeile	di baris baru	[di baris baru]
Absatz (m)	alinea, paragraf	[alinea], [paragraf]
Wort (n)	kata	[kata]
Wortverbindung (f)	rangkaian kata	[raŋkajan kata]
Redensart (f)	ungkapan	[uŋkapan]
Synonym (n)	sinonim	[sinonim]
Antonym (n)	antonim	[antonim]
Regel (f)	peraturan	[pəraturan]
Ausnahme (f)	perkecualian	[pərketʃualian]
richtig (Adj)	benar, betul	[benar], [betul]
Konjugation (f)	konjugasi	[kondʒʲugasi]
Deklination (f)	deklinasi	[deklinasi]
Kasus (m)	kasus nominal	[kasus nominal]
Frage (f)	pertanyaan	[pərtanjaʔan]
unterstreichen (vt)	menggaris bawahi	[məŋgaris bawahi]
punktierte Linie (f)	garis bertitik	[garis bərtitiʔ]

98. Fremdsprachen

Sprache (f)	bahasa	[bahasa]
Fremd-	asing	[asiŋ]
Fremdsprache (f)	bahasa asing	[bahasa asiŋ]
studieren (z.B. Jura ~)	mempelajari	[mempeladʒʲari]
lernen (Englisch ~)	belajar	[beladʒʲar]
lesen (vi, vt)	membaca	[membatʃa]
sprechen (vi, vt)	berbicara	[bərbitʃara]
verstehen (vt)	mengerti	[məŋerti]
schreiben (vi, vt)	menulis	[mənulis]
schnell (Adv)	cepat, fasih	[tʃepat], [fasih]
langsam (Adv)	perlahan-lahan	[pərlahan-lahan]

Deutsch	Indonesisch	Aussprache
fließend (Adv)	fasih	[fasih]
Regeln (pl)	peraturan	[pəraturan]
Grammatik (f)	tatabahasa	[tatabahasa]
Vokabular (n)	kosakata	[kosakata]
Phonetik (f)	fonetik	[foneti⁷]
Lehrbuch (n)	buku pelajaran	[buku peladʒˈaran]
Wörterbuch (n)	kamus	[kamus]
Selbstlernbuch (n)	buku autodidak	[buku autodida⁷]
Sprachführer (m)	panduan percakapan	[panduan pərtʃakapan]
Kassette (f)	kaset	[kaset]
Videokassette (f)	kaset video	[kaset video]
CD (f)	cakram kompak	[tʃakram kompa⁷]
DVD (f)	cakram DVD	[tʃakram di-vi-di]
Alphabet (n)	alfabet, abjad	[alfabet], [abdʒˈad]
buchstabieren (vt)	mengeja	[məŋedʒˈa]
Aussprache (f)	pelafalan	[pelafalan]
Akzent (m)	aksen	[aksen]
mit Akzent	dengan aksen	[deŋan aksen]
ohne Akzent	tanpa aksen	[tanpa aksen]
Wort (n)	kata	[kata]
Bedeutung (f)	arti	[arti]
Kurse (pl)	kursus	[kursus]
sich einschreiben	Mendaftar	[məndaftar]
Lehrer (m)	guru	[guru]
Übertragung (f)	penerjemahan	[penerdʒˈemahan]
Übersetzung (f)	terjemahan	[tərdʒˈemahan]
Übersetzer (m)	penerjemah	[penerdʒˈemah]
Dolmetscher (m)	juru bahasa	[dʒˈuru bahasa]
Polyglott (m, f)	poliglot	[poliglot]
Gedächtnis (n)	memori, daya ingat	[memori], [daja iŋat]

Erholung. Unterhaltung. Reisen

99. Ausflug. Reisen

Tourismus (m)	pariwisata	[pariwisata]
Tourist (m)	turis, wisatawan	[turis], [wisatawan]
Reise (f)	pengembaraan	[peŋembara'an]
Abenteuer (n)	petualangan	[petualaŋan]
Fahrt (f)	perjalanan, lawatan	[perdʒ^jalanan], [lawatan]
Urlaub (m)	liburan	[liburan]
auf Urlaub sein	berlibur	[berlibur]
Erholung (f)	istirahat	[istirahat]
Zug (m)	kereta api	[kereta api]
mit dem Zug	naik kereta api	[nai' kereta api]
Flugzeug (n)	pesawat terbang	[pesawat terbaŋ]
mit dem Flugzeug	naik pesawat terbang	[nai' pesawat terbaŋ]
mit dem Auto	naik mobil	[nai' mobil]
mit dem Schiff	naik kapal	[nai' kapal]
Gepäck (n)	bagasi	[bagasi]
Koffer (m)	koper	[koper]
Gepäckwagen (m)	troli bagasi	[troli bagasi]
Pass (m)	paspor	[paspor]
Visum (n)	visa	[visa]
Fahrkarte (f)	tiket	[tiket]
Flugticket (n)	tiket pesawat terbang	[tiket pesawat terbaŋ]
Reiseführer (m)	buku pedoman	[buku pedoman]
Landkarte (f)	peta	[peta]
Gegend (f)	kawasan	[kawasan]
Ort (wunderbarer ~)	tempat	[tempat]
Exotika (pl)	keeksotisan	[keeksotisan]
exotisch	eksotis	[eksotis]
erstaunlich (Adj)	menakjubkan	[menakdʒ^jubkan]
Gruppe (f)	kelompok	[kelompo']
Ausflug (m)	ekskursi	[ekskursi]
Reiseleiter (m)	pemandu wisata	[pemandu wisata]

100. Hotel

Hotel (n), Gasthaus (n)	hotel	[hotel]
Motel (n)	motel	[motel]
drei Sterne	bintang tiga	[bintaŋ tiga]

fünf Sterne	bintang lima	[bintaŋ lima]
absteigen (vi)	menginap	[məɲinap]
Hotelzimmer (n)	kamar	[kamar]
Einzelzimmer (n)	kamar tunggal	[kamar tuŋgal]
Zweibettzimmer (n)	kamar ganda	[kamar ganda]
reservieren (vt)	memesan kamar	[memesan kamar]
Halbpension (f)	sewa setengah	[sewa seteŋah]
Vollpension (f)	sewa penuh	[sewa penuh]
mit Bad	dengan kamar mandi	[deŋan kamar mandi]
mit Dusche	dengan pancuran	[deŋan pantʃuran]
Satellitenfernsehen (n)	televisi satelit	[televisi satelit]
Klimaanlage (f)	penyejuk udara	[penjedʒʲuʔ udara]
Handtuch (n)	handuk	[handuʔ]
Schlüssel (m)	kunci	[kuntʃi]
Verwalter (m)	administrator	[administrator]
Zimmermädchen (n)	pelayan kamar	[pelajan kamar]
Träger (m)	porter	[porter]
Portier (m)	pramupintu	[pramupintu]
Restaurant (n)	restoran	[restoran]
Bar (f)	bar	[bar]
Frühstück (n)	makan pagi, sarapan	[makan pagi], [sarapan]
Abendessen (n)	makan malam	[makan malam]
Buffet (n)	prasmanan	[prasmanan]
Foyer (n)	lobi	[lobi]
Aufzug (m), Fahrstuhl (m)	elevator	[elevator]
BITTE NICHT STÖREN!	JANGAN MENGGANGGU	[dʒʲaŋan məŋgaŋgu]
RAUCHEN VERBOTEN!	DILARANG MEROKOK!	[dilaraŋ merokoʔ!]

TECHNISCHES ZUBEHÖR. TRANSPORT

Technisches Zubehör

101. Computer

Computer (m)	komputer	[komputer]
Laptop (m), Notebook (n)	laptop	[laptop]
einschalten (vt)	menyalakan	[mənjalakan]
abstellen (vt)	mematikan	[mematikan]
Tastatur (f)	keyboard, papan tombol	[keybor], [papan tombol]
Taste (f)	tombol	[tombol]
Maus (f)	tetikus	[tetikus]
Mousepad (n)	bantal tetikus	[bantal tetikus]
Knopf (m)	tombol	[tombol]
Cursor (m)	kursor	[kursor]
Monitor (m)	monitor	[monitor]
Schirm (m)	layar	[lajar]
Festplatte (f)	hard disk, cakram keras	[hard disk], [tʃakram keras]
Festplattengröße (f)	kapasitas cakram keras	[kapasitas tʃakram keras]
Speicher (m)	memori	[memori]
Arbeitsspeicher (m)	memori akses acak	[memori akses atʃa’]
Datei (f)	file, berkas	[file], [bərkas]
Ordner (m)	folder	[folder]
öffnen (vt)	membuka	[membuka]
schließen (vt)	menutup	[mənutup]
speichern (vt)	menyimpan	[mənjimpan]
löschen (vt)	menghapus	[məŋhapus]
kopieren (vt)	menyalin	[mənjalin]
sortieren (vt)	menyortir	[mənjortir]
transferieren (vt)	mentransfer	[məntransfer]
Programm (n)	program	[program]
Software (f)	perangkat lunak	[pəraŋkat luna’]
Programmierer (m)	pemrogram	[pemrogram]
programmieren (vt)	memprogram	[memprogram]
Hacker (m)	peretas	[pəretas]
Kennwort (n)	kata sandi	[kata sandi]
Virus (m, n)	virus	[virus]
entdecken (vt)	mendeteksi	[məndeteksi]
Byte (n)	bita	[bita]

Megabyte (n)	megabita	[megabita]
Daten (pl)	data	[data]
Datenbank (f)	basis data, pangkalan data	[basis data], [paŋkalan data]
Kabel (n)	kabel	[kabel]
trennen (vt)	melepaskan	[melepaskan]
anschließen (vt)	menyambungkan	[mənjambuŋkan]

102. Internet. E-Mail

Internet (n)	Internet	[internet]
Browser (m)	peramban	[pəramban]
Suchmaschine (f)	mesin telusur	[mesin telusur]
Provider (m)	provider	[provider]
Webmaster (m)	webmaster, perancang web	[webmaster], [pərantʃaŋ web]
Website (f)	situs web	[situs web]
Webseite (f)	halaman web	[halaman web]
Adresse (f)	alamat	[alamat]
Adressbuch (n)	buku alamat	[buku alamat]
Mailbox (f)	kotak surat	[kota' surat]
Post (f)	surat	[surat]
überfüllt (-er Briefkasten)	penuh	[penuh]
Mitteilung (f)	pesan	[pesan]
eingehenden Nachrichten	pesan masuk	[pesan masu']
ausgehenden Nachrichten	pesan keluar	[pesan keluar]
Absender (m)	pengirim	[peŋirim]
senden (vt)	mengirim	[məŋirim]
Absendung (f)	pengiriman	[peŋiriman]
Empfänger (m)	penerima	[penerima]
empfangen (vt)	menerima	[mənerima]
Briefwechsel (m)	surat-menyurat	[surat-menyurat]
im Briefwechsel stehen	surat-menyurat	[surat-menyurat]
Datei (f)	file, berkas	[file], [bərkas]
herunterladen (vt)	mengunduh	[məŋunduh]
schaffen (vt)	membuat	[membuat]
löschen (vt)	menghapus	[məŋhapus]
gelöscht (Datei)	terhapus	[tərhapus]
Verbindung (f)	koneksi	[koneksi]
Geschwindigkeit (f)	kecepatan	[ketʃepatan]
Modem (n)	modem	[modem]
Zugang (m)	akses	[akses]
Port (m)	porta	[porta]
Anschluss (m)	koneksi	[koneksi]
sich anschließen	terhubung ke …	[tərhubuŋ ke …]

| auswählen (vt) | memilih | [memilih] |
| suchen (vt) | mencari ... | [mənt͡ʃari ...] |

103. Elektrizität

Elektrizität (f)	listrik	[listriʔ]
elektrisch	listrik	[listriʔ]
Elektrizitätswerk (n)	pembangkit listrik	[pembaŋkit listriʔ]
Energie (f)	energi, tenaga	[energi], [tenaga]
Strom (m)	tenaga listrik	[tenaga listriʔ]

Glühbirne (f)	bohlam	[bohlam]
Taschenlampe (f)	lentera	[lentera]
Straßenlaterne (f)	lampu jalan	[lampu dʒʲalan]

Licht (n)	lampu	[lampu]
einschalten (vt)	menyalakan	[mənjalakan]
ausschalten (vt)	mematikan	[mematikan]
das Licht ausschalten	mematikan lampu	[mematikan lampu]

durchbrennen (vi)	mati	[mati]
Kurzschluss (m)	korsleting	[korsletiŋ]
Riß (m)	kabel putus	[kabel putus]
Kontakt (m)	kontak	[kontaʔ]

Schalter (m)	sakelar	[sakelar]
Steckdose (f)	colokan	[t͡ʃolokan]
Stecker (m)	steker	[steker]
Verlängerung (f)	kabel ekstensi	[kabel ekstensi]

Sicherung (f)	sekering	[sekeriŋ]
Leitungsdraht (m)	kabel, kawat	[kabel], [kawat]
Verdrahtung (f)	rangkaian kabel	[raŋkajan kabel]

Ampere (n)	ampere	[ampere]
Stromstärke (f)	kuat arus listrik	[kuat arus listriʔ]
Volt (n)	volt	[volt]
Voltspannung (f)	voltase	[voltase]

| Elektrogerät (n) | perkakas listrik | [pərkakas listriʔ] |
| Indikator (m) | indikator | [indikator] |

Elektriker (m)	tukang listrik	[tukaŋ listriʔ]
löten (vt)	mematri	[mematri]
Lötkolben (m)	besi solder	[besi solder]
Strom (m)	arus listrik	[arus listriʔ]

104. Werkzeug

Werkzeug (n)	alat	[alat]
Werkzeuge (pl)	peralatan	[pəralatan]
Ausrüstung (f)	perlengkapan	[pərleŋkapan]

Hammer (m)	martil, palu	[martil], [palu]
Schraubenzieher (m)	obeng	[obeŋ]
Axt (f)	kapak	[kapaʔ]
Säge (f)	gergaji	[gergaʤi]
sägen (vt)	menggergaji	[məŋgergaʤi]
Hobel (m)	serut	[serut]
hobeln (vt)	menyerut	[mənjerut]
Lötkolben (m)	besi solder	[besi solder]
löten (vt)	mematri	[mematri]
Feile (f)	kikir	[kikir]
Kneifzange (f)	tang	[taŋ]
Flachzange (f)	catut	[ʧatut]
Stemmeisen (n)	pahat	[pahat]
Bohrer (m)	mata bor	[mata bor]
Bohrmaschine (f)	bor listrik	[bor listriʔ]
bohren (vt)	mengebor	[məŋebor]
Messer (n)	pisau	[pisau]
Klinge (f)	mata pisau	[mata pisau]
scharf (-e Messer usw.)	tajam	[taʤˈam]
stumpf	tumpul	[tumpul]
stumpf werden (vi)	menjadi tumpul	[mənʤˈadi tumpul]
schärfen (vt)	mengasah	[məŋasah]
Bolzen (m)	baut	[baut]
Mutter (f)	mur	[mur]
Gewinde (n)	ulir	[ulir]
Holzschraube (f)	sekrup	[sekrup]
Nagel (m)	paku	[paku]
Nagelkopf (m)	paku payung	[paku pajuŋ]
Lineal (n)	mistar, penggaris	[mistar], [peŋgaris]
Metermaß (n)	meteran	[meteran]
Wasserwaage (f)	pengukur kedataran	[peŋukur kedataran]
Lupe (f)	kaca pembesar	[kaʧa pembesar]
Messinstrument (n)	alat ukur	[alat ukur]
messen (vt)	mengukur	[məŋukur]
Skala (f)	skala	[skala]
Ablesung (f)	pencatatan	[penʧatatan]
Kompressor (m)	kompresor	[kompresor]
Mikroskop (n)	mikroskop	[mikroskop]
Pumpe (f)	pompa	[pompa]
Roboter (m)	robot	[robot]
Laser (m)	laser	[laser]
Schraubenschlüssel (m)	kunci pas	[kunʧi pas]
Klebeband (n)	selotip	[selotip]
Klebstoff (m)	lem	[lem]

Sandpapier (n)	kertas amplas	[kertas amplas]
Sprungfeder (f)	pegas, per	[pegas], [pər]
Magnet (m)	magnet	[magnet]
Handschuhe (pl)	sarung tangan	[saruŋ taŋan]
Leine (f)	tali	[tali]
Schnur (f)	tambang, tali	[tambaŋ], [tali]
Draht (m)	kabel, kawat	[kabel], [kawat]
Kabel (n)	kabel, kawat	[kabel], [kawat]
schwerer Hammer (m)	palu godam	[palu godam]
Brecheisen (n)	linggis	[liŋgis]
Leiter (f)	tangga	[taŋga]
Trittleiter (f)	tangga	[taŋga]
zudrehen (vt)	mengencangkan	[məŋentʃaŋkan]
abdrehen (vt)	mengendurkan	[məŋendurkan]
zusammendrücken (vt)	mengencangkan	[məŋentʃaŋkan]
ankleben (vt)	menempelkan	[mənempelkan]
schneiden (vt)	memotong	[memotoŋ]
Störung (f)	malafungsi, kerusakan	[malafuŋsi], [kerusakan]
Reparatur (f)	perbaikan	[pərbajkan]
reparieren (vt)	mereparasi, memperbaiki	[mereparasi], [memperbajki]
einstellen (vt)	menyetel	[mənetel]
prüfen (vt)	memeriksa	[memeriksa]
Prüfung (f)	pemeriksaan	[pemeriksa'an]
Ablesung (f)	pencatatan	[pentʃatatan]
sicher (zuverlässigen)	andal	[andal]
kompliziert (Adj)	rumit	[rumit]
verrosten (vi)	berkarat, karatan	[bərkarat], [karatan]
rostig	berkarat, karatan	[bərkarat], [karatan]
Rost (m)	karat	[karat]

Transport

105. Flugzeug

Flugzeug (n)	pesawat terbang	[pesawat terbaŋ]
Flugticket (n)	tiket pesawat terbang	[tiket pesawat terbaŋ]
Fluggesellschaft (f)	maskapai penerbangan	[maskapaj penerbaŋan]
Flughafen (m)	bandara	[bandara]
Überschall-	supersonik	[supersoni']
Flugkapitän (m)	kapten	[kapten]
Besatzung (f)	awak	[awa']
Pilot (m)	pilot	[pilot]
Flugbegleiterin (f)	pramugari	[pramugari]
Steuermann (m)	navigator, penavigasi	[navigator], [penavigasi]
Flügel (pl)	sayap	[sajap]
Schwanz (m)	ekor	[ekor]
Kabine (f)	kokpit	[kokpit]
Motor (m)	mesin	[mesin]
Fahrgestell (n)	roda pendarat	[roda pendarat]
Turbine (f)	turbin	[turbin]
Propeller (m)	baling-baling	[baliŋ-baliŋ]
Flugschreiber (m)	kotak hitam	[kota' hitam]
Steuerrad (n)	kemudi	[kemudi]
Treibstoff (m)	bahan bakar	[bahan bakar]
Sicherheitskarte (f)	instruksi keselamatan	[instruksi keselamatan]
Sauerstoffmaske (f)	masker oksigen	[masker oksigen]
Uniform (f)	seragam	[seragam]
Rettungsweste (f)	jaket pelampung	[dʒ'aket pelampuŋ]
Fallschirm (m)	parasut	[parasut]
Abflug, Start (m)	lepas landas	[lepas landas]
starten (vi)	bertolak	[bertola']
Startbahn (f)	jalur lepas landas	[dʒ'alur lepas landas]
Sicht (f)	visibilitas, pandangan	[visibilitas], [pandaŋan]
Flug (m)	penerbangan	[penerbaŋan]
Höhe (f)	ketinggian	[ketiŋgian]
Luftloch (n)	lubang udara	[lubaŋ udara]
Platz (m)	tempat duduk	[tempat dudu']
Kopfhörer (m)	headphone, fonkepala	[headphone], [fonkepala]
Klapptisch (m)	meja lipat	[medʒ'a lipat]
Bullauge (n)	jendela pesawat	[dʒ'endela pesawat]
Durchgang (m)	lorong	[loroŋ]

106. Zug

Zug (m)	kereta api	[kereta api]
elektrischer Zug (m)	kereta api listrik	[kereta api listri']
Schnellzug (m)	kereta api cepat	[kereta api tʃepat]
Diesellok (f)	lokomotif diesel	[lokomotif disel]
Dampflok (f)	lokomotif uap	[lokomotif uap]
Personenwagen (m)	gerbong penumpang	[gerboŋ penumpaŋ]
Speisewagen (m)	gerbong makan	[gerboŋ makan]
Schienen (pl)	rel	[rel]
Eisenbahn (f)	rel kereta api	[rel kereta api]
Bahnschwelle (f)	bantalan rel	[bantalan rel]
Bahnsteig (m)	platform	[platform]
Gleis (n)	jalur	[dʒʲalur]
Eisenbahnsignal (n)	semafor	[semafor]
Station (f)	stasiun	[stasiun]
Lokomotivführer (m)	masinis	[masinis]
Träger (m)	porter	[porter]
Schaffner (m)	kondektur	[kondektur]
Fahrgast (m)	penumpang	[penumpaŋ]
Fahrkartenkontrolleur (m)	kondektur	[kondektur]
Flur (m)	koridor	[koridor]
Notbremse (f)	rem darurat	[rem darurat]
Abteil (n)	kabin	[kabin]
Liegeplatz (m), Schlafkoje (f)	bangku	[baŋku]
oberer Liegeplatz (m)	bangku atas	[baŋku atas]
unterer Liegeplatz (m)	bangku bawah	[baŋku bawah]
Bettwäsche (f)	kain kasur	[kain kasur]
Fahrkarte (f)	tiket	[tiket]
Fahrplan (m)	jadwal	[dʒʲadwal]
Anzeigetafel (f)	layar informasi	[lajar informasi]
abfahren (der Zug)	berangkat	[beraŋkat]
Abfahrt (f)	keberangkatan	[keberaŋkatan]
ankommen (der Zug)	datang	[dataŋ]
Ankunft (f)	kedatangan	[kedataŋan]
mit dem Zug kommen	datang naik kereta api	[dataŋ naj' kereta api]
in den Zug einsteigen	naik ke kereta	[nai' ke kereta]
aus dem Zug aussteigen	turun dari kereta	[turun dari kereta]
Zugunglück (n)	kecelakaan kereta	[ketʃelaka'an kereta]
entgleisen (vi)	keluar rel	[keluar rel]
Dampflok (f)	lokomotif uap	[lokomotif uap]
Heizer (m)	juru api	[dʒʲuru api]
Feuerbüchse (f)	tungku	[tuŋku]
Kohle (f)	batu bara	[batu bara]

107. Schiff

Schiff (n)	kapal	[kapal]
Fahrzeug (n)	kapal	[kapal]
Dampfer (m)	kapal uap	[kapal uap]
Motorschiff (n)	kapal api	[kapal api]
Kreuzfahrtschiff (n)	kapal laut	[kapal laut]
Kreuzer (m)	kapal penjelajah	[kapal penʤʲelaʤʲah]
Jacht (f)	perahu pesiar	[pərahu pesiar]
Schlepper (m)	kapal tunda	[kapal tunda]
Lastkahn (m)	tongkang	[toŋkaŋ]
Fähre (f)	feri	[feri]
Segelschiff (n)	kapal layar	[kapal lajar]
Brigantine (f)	kapal brigantin	[kapal brigantin]
Eisbrecher (m)	kapal pemecah es	[kapal pemetʃah es]
U-Boot (n)	kapal selam	[kapal selam]
Boot (n)	perahu	[pərahu]
Dingi (n), Beiboot (n)	sekoci	[sekotʃi]
Rettungsboot (n)	sekoci penyelamat	[sekotʃi penjelamat]
Motorboot (n)	perahu motor	[pərahu motor]
Kapitän (m)	kapten	[kapten]
Matrose (m)	kelasi	[kelasi]
Seemann (m)	pelaut	[pelaut]
Besatzung (f)	awak	[awaʔ]
Bootsmann (m)	bosman, bosun	[bosman], [bosun]
Schiffsjunge (m)	kadet laut	[kadet laut]
Schiffskoch (m)	koki	[koki]
Schiffsarzt (m)	dokter kapal	[dokter kapal]
Deck (n)	dek	[deʔ]
Mast (m)	tiang	[tiaŋ]
Segel (n)	layar	[lajar]
Schiffsraum (m)	lambung kapal	[lambuŋ kapal]
Bug (m)	haluan	[haluan]
Heck (n)	buritan	[buritan]
Ruder (n)	dayung	[dajuŋ]
Schraube (f)	baling-baling	[baliŋ-baliŋ]
Kajüte (f)	kabin	[kabin]
Messe (f)	ruang rekreasi	[ruaŋ rekreasi]
Maschinenraum (m)	ruang mesin	[ruaŋ mesin]
Kommandobrücke (f)	anjungan kapal	[anʤʲuŋan kapal]
Funkraum (m)	ruang radio	[ruaŋ radio]
Radiowelle (f)	gelombang radio	[gelombaŋ radio]
Schiffstagebuch (n)	buku harian kapal	[buku harian kapal]
Fernrohr (n)	teropong	[teropoŋ]
Glocke (f)	lonceng	[lontʃeŋ]

Fahne (f)	bendera	[bendera]
Seil (n)	tali	[tali]
Knoten (m)	simpul	[simpul]

| Geländer (n) | pegangan | [pegaŋan] |
| Treppe (f) | tangga kapal | [taŋga kapal] |

Anker (m)	jangkar	[dʒʲaŋkar]
den Anker lichten	mengangkat jangkar	[mənaŋkat dʒʲaŋkar]
Anker werfen	menjatuhkan jangkar	[məndʒʲatuhkan dʒʲaŋkar]
Ankerkette (f)	rantai jangkar	[rantaj dʒʲaŋkar]

Hafen (m)	pelabuhan	[pelabuhan]
Anlegestelle (f)	dermaga	[dermaga]
anlegen (vi)	merapat	[merapat]
abstoßen (vt)	bertolak	[bərtolaʔ]

Reise (f)	pengembaraan	[peŋembaraʔan]
Kreuzfahrt (f)	pesiar	[pesiar]
Kurs (m), Richtung (f)	haluan	[haluan]
Reiseroute (f)	rute	[rute]

| Untiefe (f) | beting | [betiŋ] |
| stranden (vi) | kandas | [kandas] |

Sturm (m)	badai	[badaj]
Signal (n)	sinyal	[sinjal]
untergehen (vi)	tenggelam	[teŋgelam]
Mann über Bord!	Orang hanyut!	[oraŋ hanyut!]
SOS	SOS	[es-o-es]
Rettungsring (m)	pelampung penyelamat	[pelampuŋ penjelamat]

108. Flughafen

Flughafen (m)	bandara	[bandara]
Flugzeug (n)	pesawat terbang	[pesawat tərbaŋ]
Fluggesellschaft (f)	maskapai penerbangan	[maskapaj penerbaŋan]
Fluglotse (m)	pengawas lalu lintas udara	[peŋawas lalu lintas udara]

Abflug (m)	keberangkatan	[keberaŋkatan]
Ankunft (f)	kedatangan	[kedataŋan]
anfliegen (vi)	datang	[dataŋ]

| Abflugzeit (f) | waktu keberangkatan | [waktu keberaŋkatan] |
| Ankunftszeit (f) | waktu kedatangan | [waktu kedataŋan] |

| sich verspäten | terlambat | [tərlambat] |
| Abflugverspätung (f) | penundaan penerbangan | [penundaʔan penerbaŋan] |

Anzeigetafel (f)	papan informasi	[papan informasi]
Information (f)	informasi	[informasi]
ankündigen (vt)	mengumumkan	[məŋumumkan]
Flug (m)	penerbangan	[penerbaŋan]
Zollamt (n)	pabean	[pabean]

German	Indonesian	Pronunciation
Zollbeamter (m)	petugas pabean	[petugas pabean]
Zolldeklaration (f)	pernyataan pabean	[pərnjata'an pabean]
ausfüllen (vt)	mengisi	[məɲisi]
die Zollerklärung ausfüllen	mengisi formulir bea cukai	[məɲisi formulir bea tʃukaj]
Passkontrolle (f)	pemeriksaan paspor	[pemeriksa'an paspor]
Gepäck (n)	bagasi	[bagasi]
Handgepäck (n)	jinjingan	[dʒindʒiŋan]
Kofferkuli (m)	troli bagasi	[troli bagasi]
Landung (f)	pendaratan	[pendaratan]
Landebahn (f)	jalur pendaratan	[dʒ'alur pendaratan]
landen (vi)	mendarat	[məndarat]
Fluggasttreppe (f)	tangga pesawat	[taŋga pesawat]
Check-in (n)	check-in	[tʃekin]
Check-in-Schalter (m)	meja check-in	[medʒ'a tʃekin]
sich registrieren lassen	check-in	[tʃekin]
Bordkarte (f)	kartu pas	[kartu pas]
Abfluggate (n)	gerbang keberangkatan	[gerbaŋ keberaŋkatan]
Transit (m)	transit	[transit]
warten (vi)	menunggu	[mənuŋgu]
Wartesaal (m)	ruang tunggu	[ruaŋ tuŋgu]
begleiten (vt)	mengantar	[məŋantar]
sich verabschieden	berpamitan	[bərpamitan]

Lebensereignisse

109. Feiertage. Ereignis

Fest (n)	perayaan	[pəraja?an]
Nationalfeiertag (m)	hari besar nasional	[hari besar nasional]
Feiertag (m)	hari libur	[hari libur]
feiern (vt)	merayakan	[merajakan]

Ereignis (n)	peristiwa, kejadian	[peristiwa], [kedʒˬadian]
Veranstaltung (f)	acara	[atʃara]
Bankett (n)	banket	[banket]
Empfang (m)	resepsi	[resepsi]
Festmahl (n)	pesta	[pesta]

Jahrestag (m)	hari jadi, HUT	[hari dʒˬadi], [ha-u-te]
Jubiläumsfeier (f)	yubileum	[yubileum]
begehen (vt)	merayakan	[merajakan]

Neujahr (n)	Tahun Baru	[tahun baru]
Frohes Neues Jahr!	Selamat Tahun Baru!	[selamat tahun baru!]
Weihnachtsmann (m)	Sinterklas	[sinterklas]

Weihnachten (n)	Natal	[natal]
Frohe Weihnachten!	Selamat Hari Natal!	[selamat hari natal!]
Tannenbaum (m)	pohon Natal	[pohon natal]
Feuerwerk (n)	kembang api	[kembaŋ api]

Hochzeit (f)	pernikahan	[pərnikahan]
Bräutigam (m)	mempelai lelaki	[mempelaj lelaki]
Braut (f)	mempelai perempuan	[mempelaj pərempuan]

| einladen (vt) | mengundang | [məŋundaŋ] |
| Einladung (f) | kartu undangan | [kartu undaŋan] |

Gast (m)	tamu	[tamu]
besuchen (vt)	mengunjungi	[məŋundʒˬuɲi]
Gäste empfangen	menyambut tamu	[məɲjambut tamu]

Geschenk (n)	hadiah	[hadiah]
schenken (vt)	memberi	[memberi]
Geschenke bekommen	menerima hadiah	[mənerima hadiah]
Blumenstrauß (m)	buket	[buket]

| Glückwunsch (m) | ucapan selamat | [utʃapan selamat] |
| gratulieren (vi) | mengucapkan selamat | [məŋutʃapkan selamat] |

Glückwunschkarte (f)	kartu ucapan selamat	[kartu utʃapan selamat]
eine Karte abschicken	mengirim kartu pos	[məɲirim kartu pos]
eine Karte erhalten	menerima kartu pos	[mənerima kartu pos]

Trinkspruch (m)	toas	[toas]
anbieten (vt)	menawari	[mənawari]
Champagner (m)	sampanye	[sampanje]
sich amüsieren	bersukaria	[bərsukaria]
Fröhlichkeit (f)	keriangan, kegembiraan	[keriaŋan], [kegembira'an]
Freude (f)	kegembiraan	[kegembira'an]
Tanz (m)	dansa, tari	[dansa], [tari]
tanzen (vi, vt)	berdansa, menari	[bərdansa], [menari]
Walzer (m)	wals	[wals]
Tango (m)	tango	[taŋo]

110. Bestattungen. Begräbnis

Friedhof (m)	pemakaman	[pemakaman]
Grab (n)	makam	[makam]
Kreuz (n)	salib	[salib]
Grabstein (m)	batu nisan	[batu nisan]
Zaun (m)	pagar	[pagar]
Kapelle (f)	kapel	[kapel]
Tod (m)	kematian	[kematian]
sterben (vi)	mati, meninggal	[mati], [meniŋgal]
Verstorbene (m)	almarhum	[almarhum]
Trauer (f)	perkabungan	[pərkabuŋan]
begraben (vt)	memakamkan	[memakamkan]
Bestattungsinstitut (n)	rumah duka	[rumah duka]
Begräbnis (n)	pemakaman	[pemakaman]
Kranz (m)	karangan bunga	[karaŋan buŋa]
Sarg (m)	keranda	[keranda]
Katafalk (m)	mobil jenazah	[mobil dʒʲenazah]
Totenhemd (n)	kain kafan	[kain kafan]
Trauerzug (m)	prosesi pemakaman	[prosesi pemakaman]
Urne (f)	guci abu jenazah	[gutʃi abu dʒʲenazah]
Krematorium (n)	krematorium	[krematorium]
Nachruf (m)	obituarium	[obituarium]
weinen (vi)	menangis	[mənaŋis]
schluchzen (vi)	meratap	[meratap]

111. Krieg. Soldaten

Zug (m)	peleton	[peleton]
Kompanie (f)	kompi	[kompi]
Regiment (n)	resimen	[resimen]
Armee (f)	tentara	[tentara]
Division (f)	divisi	[divisi]

Abteilung (f)	pasukan	[pasukan]
Heer (n)	tentara	[tentara]
Soldat (m)	tentara, serdadu	[tentara], [serdadu]
Offizier (m)	perwira	[pərwira]
Soldat (m)	prajurit	[pradʒʲurit]
Feldwebel (m)	sersan	[sersan]
Leutnant (m)	letnan	[letnan]
Hauptmann (m)	kapten	[kapten]
Major (m)	mayor	[major]
Oberst (m)	kolonel	[kolonel]
General (m)	jenderal	[dʒʲenderal]
Matrose (m)	pelaut	[pelaut]
Kapitän (m)	kapten	[kapten]
Bootsmann (m)	bosman, bosun	[bosman], [bosun]
Artillerist (m)	tentara artileri	[tentara artileri]
Fallschirmjäger (m)	pasukan penerjun	[pasukan penerdʒʲun]
Pilot (m)	pilot	[pilot]
Steuermann (m)	navigator, penavigasi	[navigator], [penavigasi]
Mechaniker (m)	mekanik	[mekaniʔ]
Pionier (m)	pencari ranjau	[pentʃari randʒʲau]
Fallschirmspringer (m)	parasutis	[parasutis]
Aufklärer (m)	pengintai	[peŋintaj]
Scharfschütze (m)	penembak jitu	[penembaʔ dʒitu]
Patrouille (f)	patroli	[patroli]
patrouillieren (vi)	berpatroli	[bərpatroli]
Wache (f)	pengawal	[peŋawal]
Krieger (m)	prajurit	[pradʒʲurit]
Patriot (m)	patriot	[patriot]
Held (m)	pahlawan	[pahlawan]
Heldin (f)	pahlawan wanita	[pahlawan wanita]
Verräter (m)	pengkhianat	[peŋhianat]
verraten (vt)	mengkhianati	[məŋhianati]
Deserteur (m)	desertir	[desertir]
desertieren (vi)	melakukan desersi	[melakukan desersi]
Söldner (m)	tentara bayaran	[tentara bajaran]
Rekrut (m)	rekrut, calon tentara	[rekrut], [tʃalon tentara]
Freiwillige (m)	sukarelawan	[sukarelawan]
Getoetete (m)	korban meninggal	[korban meniŋgal]
Verwundete (m)	korban luka	[korban luka]
Kriegsgefangene (m)	tawanan perang	[tawanan peraŋ]

112. Krieg. Militärische Aktionen. Teil 1

| Krieg (m) | perang | [peraŋ] |
| Krieg führen | berperang | [bərperaŋ] |

Bürgerkrieg (m)	perang saudara	[pəraŋ saudara]
heimtückisch (Adv)	secara curang	[setʃara tʃuraŋ]
Kriegserklärung (f)	pernyataan perang	[pərnjata'an pəraŋ]
erklären (den Krieg ~)	menyatakan perang	[mənjatakan pəraŋ]
Aggression (f)	agresi	[agresi]
einfallen (Staat usw.)	menyerang	[mənjeraŋ]
einfallen (in ein Land ~)	menduduki	[mənduduki]
Invasoren (pl)	penduduk	[pendudu']
Eroberer (m), Sieger (m)	penakluk	[penaklu']
Verteidigung (f)	pertahanan	[pərtahanan]
verteidigen (vt)	mempertahankan	[mempertahankan]
sich verteidigen	bertahan ...	[bərtahan ...]
Feind (m)	musuh	[musuh]
Gegner (m)	lawan	[lawan]
Feind-	musuh	[musuh]
Strategie (f)	strategi	[strategi]
Taktik (f)	taktik	[takti']
Befehl (m)	perintah	[pərintah]
Anordnung (f)	perintah	[pərintah]
befehlen (vt)	memerintahkan	[memerintahkan]
Auftrag (m)	tugas	[tugas]
geheim (Adj)	rahasia	[rahasia]
Schlacht (f)	pertempuran	[pərtempuran]
Kampf (m)	pertempuran	[pərtempuran]
Angriff (m)	serangan	[seraŋan]
Sturm (m)	serbuan	[serbuan]
stürmen (vt)	menyerbu	[mənjerbu]
Belagerung (f)	kepungan	[kepuŋan]
Angriff (m)	serangan	[seraŋan]
angreifen (vt)	menyerang	[mənjeraŋ]
Rückzug (m)	pengunduran	[peŋunduran]
sich zurückziehen	mundur	[mundur]
Einkesselung (f)	pengepungan	[peŋepuŋan]
einkesseln (vt)	mengepung	[məŋepuŋ]
Bombenangriff (m)	pengeboman	[peŋeboman]
eine Bombe abwerfen	menjatuhkan bom	[məndʒatuhkan bom]
bombardieren (vt)	mengebom	[məŋebom]
Explosion (f)	ledakan	[ledakan]
Schuss (m)	tembakan	[tembakan]
schießen (vt)	melepaskan	[melepaskan]
Schießerei (f)	penembakan	[penembakan]
zielen auf ...	membidik	[membidi']
richten (die Waffe)	mengarahkan	[məŋarahkan]

treffen (ins Schwarze ~)	mengenai	[məɲenaj]
versenken (vt)	menenggelamkan	[mənəŋgelamkan]
Loch (im Schiffsrumpf)	lubang	[lubaŋ]
versinken (Schiff)	karam	[karam]
Front (f)	garis depan	[garis depan]
Evakuierung (f)	evakuasi	[evakuasi]
evakuieren (vt)	mengevakuasi	[məɲevakuasi]
Schützengraben (m)	parit perlindungan	[parit pərlinduŋan]
Stacheldraht (m)	kawat berduri	[kawat bərduri]
Sperre (z.B. Panzersperre)	rintangan	[rintaŋan]
Wachtturm (m)	menara	[mənara]
Lazarett (n)	rumah sakit militer	[rumah sakit militer]
verwunden (vt)	melukai	[melukaj]
Wunde (f)	luka	[luka]
Verwundete (m)	korban luka	[korban luka]
verletzt sein	terluka	[tərluka]
schwer (-e Verletzung)	parah	[parah]

113. Krieg. Militärische Aktionen. Teil 2

Gefangenschaft (f)	tawanan	[tawanan]
gefangen nehmen (vt)	menawan	[mənawan]
in Gefangenschaft sein	ditawan	[ditawan]
in Gefangenschaft geraten	tertawan	[tərtawan]
Konzentrationslager (n)	kamp konsentrasi	[kamp konsentrasi]
Kriegsgefangene (m)	tawanan perang	[tawanan pəraŋ]
fliehen (vi)	melarikan diri	[melarikan diri]
verraten (vt)	mengkhianati	[məŋhianati]
Verräter (m)	pengkhianat	[pəŋhianat]
Verrat (m)	pengkhianatan	[pəŋhianatan]
erschießen (vt)	mengeksekusi	[məŋeksekusi]
Erschießung (f)	eksekusi	[eksekusi]
Ausrüstung (persönliche ~)	perlengkapan	[pərleŋkapan]
Schulterstück (n)	epolet	[epolet]
Gasmaske (f)	masker gas	[masker gas]
Funkgerät (n)	pemancar radio	[pemantʃar radio]
Chiffre (f)	kode	[kode]
Geheimhaltung (f)	kerahasiaan	[kerahasia'an]
Kennwort (n)	kata sandi	[kata sandi]
Mine (f)	ranjau darat	[randʒʲau darat]
Minen legen	memasang ranjau	[memasaŋ randʒʲau]
Minenfeld (n)	padang yang dipenuhi ranjau	[padaŋ yaŋ dipenuhi randʒʲau]
Luftalarm (m)	peringatan serangan udara	[pəriŋatan seraŋan udara]
Alarm (m)	alarm serangan udara	[alarm seraŋan udara]

Signal (n)	sinyal	[sinjal]
Signalrakete (f)	roket sinyal	[roket sinjal]
Hauptquartier (n)	markas	[markas]
Aufklärung (f)	pengintaian	[peŋintajan]
Lage (f)	keadaan	[keada'an]
Bericht (m)	laporan	[laporan]
Hinterhalt (m)	penyergapan	[penjergapan]
Verstärkung (f)	bala bantuan	[bala bantuan]
Zielscheibe (f)	sasaran	[sasaran]
Schießplatz (m)	lapangan tembak	[lapaŋan temba']
Manöver (n)	latihan perang	[latihan peraŋ]
Panik (f)	panik	[pani']
Verwüstung (f)	pengrusakan	[peŋrusakan]
Trümmer (pl)	penghancuran	[peŋhantʃuran]
zerstören (vt)	menghancurkan	[meŋhantʃurkan]
überleben (vi)	menyintas	[menjintas]
entwaffnen (vt)	melucuti	[melutʃuti]
handhaben (vt)	mengendalikan	[meŋendalikan]
Stillgestanden!	Siap!	[siap!]
Rühren!	Istirahat di tempat!	[istirahat di tempat!]
Heldentat (f)	keberanian	[keberanian]
Eid (m), Schwur (m)	sumpah	[sumpah]
schwören (vi, vt)	bersumpah	[bersumpah]
Lohn (Orden, Medaille)	anugerah	[anugerah]
auszeichnen (mit Orden)	menganugerahi	[meŋanugerahi]
Medaille (f)	medali	[medali]
Orden (m)	bintang kehormatan	[bintaŋ kehormatan]
Sieg (m)	kemenangan	[kemenaŋan]
Niederlage (f)	kekalahan	[kekalahan]
Waffenstillstand (m)	gencatan senjata	[gentʃatan sendʒˈata]
Fahne (f)	bendera	[bendera]
Ruhm (m)	kehormatan	[kehormatan]
Parade (f)	parade	[parade]
marschieren (vi)	berbaris	[berbaris]

114. Waffen

Waffe (f)	senjata	[sendʒˈata]
Schusswaffe (f)	senjata api	[sendʒˈata api]
blanke Waffe (f)	sejata tajam	[sedʒˈata tadʒˈam]
chemischen Waffen (pl)	senjata kimia	[sendʒˈata kimia]
Kern-, Atom-	nuklir	[nuklir]
Kernwaffe (f)	senjata nuklir	[sendʒˈata nuklir]
Bombe (f)	bom	[bom]

Deutsch	Indonesisch	Aussprache
Atombombe (f)	bom atom	[bom atom]
Pistole (f)	pistol	[pistol]
Gewehr (n)	senapan	[senapan]
Maschinenpistole (f)	senapan otomatis	[senapan otomatis]
Maschinengewehr (n)	senapan mesin	[senapan mesin]
Mündung (f)	moncong	[montʃoŋ]
Lauf (Gewehr-)	laras	[laras]
Kaliber (n)	kaliber	[kaliber]
Abzug (m)	pelatuk	[pelatuʔ]
Visier (n)	pembidik	[pembidiʔ]
Magazin (n)	magasin	[magasin]
Kolben (m)	pantat senapan	[pantat senapan]
Handgranate (f)	granat tangan	[granat taŋan]
Sprengstoff (m)	bahan peledak	[bahan peledaʔ]
Kugel (f)	peluru	[peluru]
Patrone (f)	patrun	[patrun]
Ladung (f)	isian	[isian]
Munition (f)	amunisi	[amunisi]
Bomber (m)	pesawat pengebom	[pesawat peŋebom]
Kampfflugzeug (n)	pesawat pemburu	[pesawat pemburu]
Hubschrauber (m)	helikopter	[helikopter]
Flugabwehrkanone (f)	meriam penangkis serangan udara	[meriam penaŋkis seraŋan udara]
Panzer (m)	tank	[tanʔ]
Panzerkanone (f)	meriam tank	[meriam tanʔ]
Artillerie (f)	artileri	[artileri]
Kanone (f)	meriam	[meriam]
richten (die Waffe)	mengarahkan	[meŋarahkan]
Geschoß (n)	peluru	[peluru]
Wurfgranate (f)	peluru mortir	[peluru mortir]
Granatwerfer (m)	mortir	[mortir]
Splitter (m)	serpihan	[serpihan]
U-Boot (n)	kapal selam	[kapal selam]
Torpedo (m)	torpedo	[torpedo]
Rakete (f)	rudal	[rudal]
laden (Gewehr)	mengisi	[meŋisi]
schießen (vi)	menembak	[menembaʔ]
zielen auf ...	membidik	[membidiʔ]
Bajonett (n)	bayonet	[bajonet]
Degen (m)	pedang rapier	[pedaŋ rapier]
Säbel (m)	pedang saber	[pedaŋ saber]
Speer (m)	lembing	[lembiŋ]
Bogen (m)	busur panah	[busur panah]
Pfeil (m)	anak panah	[anaʔ panah]
Muskete (f)	senapan lantak	[senapan lantaʔ]
Armbrust (f)	busur silang	[busur silaŋ]

115. Menschen der Antike

vorzeitlich	primitif	[primitif]
prähistorisch	prasejarah	[prasedʒi̯arah]
alt (antik)	kuno	[kuno]
Steinzeit (f)	Zaman Batu	[zaman batu]
Bronzezeit (f)	Zaman Perunggu	[zaman peruŋgu]
Eiszeit (f)	Zaman Es	[zaman es]
Stamm (m)	suku	[suku]
Kannibale (m)	kanibal	[kanibal]
Jäger (m)	pemburu	[pemburu]
jagen (vi)	berburu	[bərburu]
Mammut (n)	mamut	[mamut]
Höhle (f)	gua	[gua]
Feuer (n)	api	[api]
Lagerfeuer (n)	api unggun	[api uŋgun]
Höhlenmalerei (f)	lukisan gua	[lukisan gua]
Werkzeug (n)	alat kerja	[alat kerdʒi̯a]
Speer (m)	tombak	[tomba']
Steinbeil (n), Steinaxt (f)	kapak batu	[kapa' batu]
Krieg führen	berperang	[bərperaŋ]
domestizieren (vt)	menjinakkan	[məndʒina'kan]
Idol (n)	berhala	[bərhala]
anbeten (vt)	memuja	[memudʒi̯a]
Aberglaube (m)	takhayul	[tahajul]
Brauch (m), Ritus (m)	upacara	[upatʃara]
Evolution (f)	evolusi	[evolusi]
Entwicklung (f)	perkembangan	[pərkembaŋan]
Verschwinden (n)	kehilangan	[kehilaŋan]
sich anpassen	menyesuaikan diri	[mənjesuajkan diri]
Archäologie (f)	arkeologi	[arkeologi]
Archäologe (m)	arkeolog	[arkeolog]
archäologisch	arkeologis	[arkeologis]
Ausgrabungsstätte (f)	situs ekskavasi	[situs ekskavasi]
Ausgrabungen (pl)	ekskavasi	[ekskavasi]
Fund (m)	penemuan	[penemuan]
Fragment (n)	fragmen	[fragmen]

116. Mittelalter

Volk (n)	rakyat	[rakjat]
Völker (pl)	bangsa-bangsa	[baŋsa-baŋsa]
Stamm (m)	suku	[suku]
Stämme (pl)	suku-suku	[suku-suku]
Barbaren (pl)	kaum barbar	[kaum barbar]

Gallier (pl)	kaum Gaul	[kaum gaul]
Goten (pl)	kaum Goth	[kaum got]
Slawen (pl)	kaum Slavia	[kaum slavia]
Wikinger (pl)	kaum Viking	[kaum vikiŋ]

| Römer (pl) | kaum Roma | [kaum roma] |
| römisch | Romawi | [romawi] |

Byzantiner (pl)	kaum Byzantium	[kaum bizantium]
Byzanz (n)	Byzantium	[bizantium]
byzantinisch	Byzantium	[bizantium]

Kaiser (m)	kaisar	[kajsar]
Häuptling (m)	pemimpin	[pemimpin]
mächtig (Kaiser usw.)	adikuasa, berkuasa	[adikuasa], [bərkuasa]
König (m)	raja	[radʒʲa]
Herrscher (Monarch)	penguasa	[peŋuasa]

Ritter (m)	ksatria	[ksatria]
Feudalherr (m)	tuan	[tuan]
feudal, Feudal-	feodal	[feodal]
Vasall (m)	vasal	[vasal]

Herzog (m)	duke	[duke]
Graf (m)	earl	[earl]
Baron (m)	baron	[baron]
Bischof (m)	uskup	[uskup]

Rüstung (f)	baju besi	[badʒʲu besi]
Schild (m)	perisai	[pərisaj]
Schwert (n)	pedang	[pedaŋ]
Visier (n)	visor, topeng besi	[visor], [topeŋ besi]
Panzerhemd (n)	baju zirah	[badʒʲu zirah]

| Kreuzzug (m) | Perang Salib | [pəraŋ salib] |
| Kreuzritter (m) | kaum salib | [kaum salib] |

Territorium (n)	wilayah	[wilajah]
einfallen (vt)	menyerang	[mənjeraŋ]
erobern (vt)	menaklukkan	[mənakluʔkan]
besetzen (Land usw.)	menduduki	[mənduduki]

Belagerung (f)	kepungan	[kepuŋan]
belagert	terkepung	[tərkepuŋ]
belagern (vt)	mengepung	[məŋepuŋ]

Inquisition (f)	inkuisisi	[inkuisisi]
Inquisitor (m)	inkuisitor	[inkuisitor]
Folter (f)	siksaan	[siksaʔan]
grausam (-e Folter)	kejam	[kedʒʲam]
Häretiker (m)	penganut bidah	[peŋanut bidah]
Häresie (f)	bidah	[bidah]

Seefahrt (f)	pelayaran laut	[pelajaran laut]
Seeräuber (m)	bajak laut	[badʒʲaʔ laut]
Seeräuberei (f)	pembajakan	[pembadʒʲakan]

Enterung (f)	serangan terhadap kapal dari dekat	[seraŋan tərhadap kapal dari dekat]
Beute (f)	rampasan	[rampasan]
Schätze (pl)	harta karun	[harta karun]

Entdeckung (f)	penemuan	[penemuan]
entdecken (vt)	menemukan	[mənemukan]
Expedition (f)	ekspedisi	[ekspedisi]

Musketier (m)	musketir	[musketir]
Kardinal (m)	kardinal	[kardinal]
Heraldik (f)	heraldik	[heraldiʔ]
heraldisch	heraldik	[heraldiʔ]

117. Führungspersonen. Chef. Behörden

König (m)	raja	[radʒʲa]
Königin (f)	ratu	[ratu]
königlich	kerajaan, raja	[keradʒʲa'an], [radʒʲa]
Königreich (n)	kerajaan	[keradʒʲa'an]

| Prinz (m) | pangeran | [paŋeran] |
| Prinzessin (f) | putri | [putri] |

Präsident (m)	presiden	[presiden]
Vizepräsident (m)	wakil presiden	[wakil presiden]
Senator (m)	senator	[senator]

Monarch (m)	monark	[monarʔ]
Herrscher (m)	penguasa	[peŋuasa]
Diktator (m)	diktator	[diktator]
Tyrann (m)	tiran	[tiran]
Magnat (m)	magnat	[magnat]
Direktor (m)	direktur	[direktur]
Chef (m)	atasan	[atasan]
Leiter (einer Abteilung)	manajer	[manadʒʲer]
Boss (m)	bos	[bos]
Eigentümer (m)	pemilik	[pemiliʔ]

Führer (m)	pemimpin	[pemimpin]
Leiter (Delegations-)	kepala	[kepala]
Behörden (pl)	pihak berwenang	[pihaʔ bərwenaŋ]
Vorgesetzten (pl)	atasan	[atasan]

Gouverneur (m)	gabernur	[gabernur]
Konsul (m)	konsul	[konsul]
Diplomat (m)	diplomat	[diplomat]
Bürgermeister (m)	walikota	[walikota]
Sheriff (m)	sheriff	[ʃeriff]

Kaiser (m)	kaisar	[kajsar]
Zar (m)	tsar, raja	[tsar], [radʒʲa]
Pharao (m)	firaun	[firaun]
Khan (m)	khan	[han]

118. Gesetzesverstoß Verbrecher. Teil 1

Bandit (m)	bandit	[bandit]
Verbrechen (n)	kejahatan	[kedʒˈahatan]
Verbrecher (m)	penjahat	[pendʒˈahat]
Dieb (m)	pencuri	[pentʃuri]
stehlen (vt)	mencuri	[məntʃuri]
Diebstahl (m), Stehlen (n)	pencurian	[pentʃurian]
kidnappen (vt)	menculik	[məntʃuliʔ]
Kidnapping (n)	penculikan	[pentʃulikan]
Kidnapper (m)	penculik	[pentʃuliʔ]
Lösegeld (n)	uang tebusan	[uaŋ tebusan]
Lösegeld verlangen	menuntut uang tebusan	[mənuntut uaŋ tebusan]
rauben (vt)	merampok	[merampoʔ]
Raub (m)	perampokan	[pərampokan]
Räuber (m)	perampok	[pərampoʔ]
erpressen (vt)	memeras	[memeras]
Erpresser (m)	pemeras	[pemeras]
Erpressung (f)	pemerasan	[pemerasan]
morden (vt)	membunuh	[membunuh]
Mord (m)	pembunuhan	[pembunuhan]
Mörder (m)	pembunuh	[pembunuh]
Schuss (m)	tembakan	[tembakan]
schießen (vt)	melepaskan	[melepaskan]
erschießen (vt)	menembak mati	[mənembaʔ mati]
feuern (vi)	menembak	[mənembaʔ]
Schießerei (f)	penembakan	[penembakan]
Vorfall (m)	insiden, kejadian	[insiden], [kedʒˈadian]
Schlägerei (f)	perkelahian	[pərkelahian]
Hilfe!	Tolong!	[toloŋ!]
Opfer (n)	korban	[korban]
beschädigen (vt)	merusak	[merusaʔ]
Schaden (m)	kerusakan	[kerusakan]
Leiche (f)	jenazah, mayat	[dʒˈenazah], [majat]
schwer (-es Verbrechen)	berat	[berat]
angreifen (vt)	menyerang	[mənjeraŋ]
schlagen (vt)	memukul	[memukul]
verprügeln (vt)	memukuli	[memukuli]
wegnehmen (vt)	merebut	[merebut]
erstechen (vt)	menikam mati	[mənikam mati]
verstümmeln (vt)	mencederai	[məntʃederaj]
verwunden (vt)	melukai	[melukaj]
Erpressung (f)	pemerasan	[pemerasan]
erpressen (vt)	memeras	[memeras]

Deutsch	Indonesisch	Aussprache
Erpresser (m)	pemeras	[pemeras]
Schutzgelderpressung (f)	pemerasan	[pemerasan]
Erpresser (Racketeer)	pemeras	[pemeras]
Gangster (m)	gangster, preman	[gaŋster], [preman]
Mafia (f)	mafia	[mafia]
Taschendieb (m)	pencopet	[pentʃopet]
Einbrecher (m)	perampok	[pərampo']
Schmuggel (m)	penyelundupan	[penjelundupan]
Schmuggler (m)	penyelundup	[penjelundup]
Fälschung (f)	pemalsuan	[pemalsuan]
fälschen (vt)	memalsukan	[memalsukan]
gefälscht	palsu	[palsu]

119. Gesetzesbruch. Verbrecher. Teil 2

Deutsch	Indonesisch	Aussprache
Vergewaltigung (f)	pemerkosaan	[pemerkosa'an]
vergewaltigen (vt)	memerkosa	[memerkosa]
Gewalttäter (m)	pemerkosa	[pemerkosa]
Besessene (m)	maniak	[mania']
Prostituierte (f)	pelacur	[pelatʃur]
Prostitution (f)	pelacuran	[pelatʃuran]
Zuhälter (m)	germo	[germo]
Drogenabhängiger (m)	pecandu narkoba	[petʃandu narkoba]
Drogenhändler (m)	pengedar narkoba	[peŋedar narkoba]
sprengen (vt)	meledakkan	[meleda'kan]
Explosion (f)	ledakan	[ledakan]
in Brand stecken	membakar	[membakar]
Brandstifter (m)	pelaku pembakaran	[pelaku pembakaran]
Terrorismus (m)	terorisme	[tərorisme]
Terrorist (m)	teroris	[təroris]
Geisel (m, f)	sandera	[sandera]
betrügen (vt)	menipu	[mənipu]
Betrug (m)	penipuan	[penipuan]
Betrüger (m)	penipu	[penipu]
bestechen (vt)	menyuap	[mənyuap]
Bestechlichkeit (f)	penyuapan	[penyuapan]
Bestechungsgeld (n)	uang suap, suapan	[uaŋ suap], [suapan]
Gift (n)	racun	[ratʃun]
vergiften (vt)	meracuni	[meratʃuni]
sich vergiften	meracuni diri sendiri	[meratʃuni diri sendiri]
Selbstmord (m)	bunuh diri	[bunuh diri]
Selbstmörder (m)	pelaku bunuh diri	[pelaku bunuh diri]
drohen (vi)	mengancam	[məŋantʃam]
Drohung (f)	ancaman	[antʃaman]

| versuchen (vt) | melakukan percobaan pembunuhan | [melakukan pərtʃoba'an pembunuhan] |
| Attentat (n) | percobaan pembunuhan | [pərtʃoba'an pembunuhan] |

| stehlen (Auto ~) | mencuri | [məntʃuri] |
| entführen (Flugzeug ~) | membajak | [membadʒʲaʔ] |

| Rache (f) | dendam | [dendam] |
| sich rächen | membalas dendam | [membalas dendam] |

foltern (vt)	menyiksa	[mənjiksa]
Folter (f)	siksaan	[siksa'an]
quälen (vt)	menyiksa	[mənjiksa]

Seeräuber (m)	bajak laut	[badʒʲaʔ laut]
Rowdy (m)	berandal	[bərandal]
bewaffnet	bersenjata	[bərsendʒʲata]
Gewalt (f)	kekerasan	[kekerasan]
ungesetzlich	ilegal	[ilegal]

| Spionage (f) | spionase | [spionase] |
| spionieren (vi) | memata-matai | [memata-mataj] |

120. Polizei Recht. Teil 1

| Justiz (f) | keadilan | [keadilan] |
| Gericht (n) | pengadilan | [peŋadilan] |

Richter (m)	hakim	[hakim]
Geschworenen (pl)	anggota juri	[aŋgota dʒʲuri]
Geschworenengericht (n)	pengadilan juri	[peŋadilan dʒʲuri]
richten (vt)	mengadili	[məŋadili]

Rechtsanwalt (m)	advokat, pengacara	[advokat], [peŋatʃara]
Angeklagte (m)	terdakwa	[tərdakwa]
Anklagebank (f)	bangku terdakwa	[baŋku tərdakwa]

| Anklage (f) | tuduhan | [tuduhan] |
| Beschuldigte (m) | terdakwa | [tərdakwa] |

| Urteil (n) | hukuman | [hukuman] |
| verurteilen (vt) | menjatuhkan hukuman | [məndʒʲatuhkan hukuman] |

Schuldige (m)	bersalah	[bərsalah]
bestrafen (vt)	menghukum	[məŋhukum]
Strafe (f)	hukuman	[hukuman]

Geldstrafe (f)	denda	[denda]
lebenslange Haft (f)	penjara seumur hidup	[pendʒʲara seumur hidup]
Todesstrafe (f)	hukuman mati	[hukuman mati]
elektrischer Stuhl (m)	kursi listrik	[kursi listriʔ]
Galgen (m)	tiang gantungan	[tiaŋ gantuŋan]
hinrichten (vt)	menjalankan hukuman mati	[məndʒʲalankan hukuman mati]

Hinrichtung (f)	hukuman mati	[hukuman mati]
Gefängnis (n)	penjara	[pendʒara]
Zelle (f)	sel	[sel]
Eskorte (f)	pengawal	[peŋawal]
Gefängniswärter (m)	sipir, penjaga penjara	[sipir], [pendʒaga pendʒara]
Gefangene (m)	tahanan	[tahanan]
Handschellen (pl)	borgol	[borgol]
Handschellen anlegen	memborgol	[memborgol]
Ausbruch (Flucht)	pelarian	[pelarian]
ausbrechen (vi)	melarikan diri	[melarikan diri]
verschwinden (vi)	menghilang	[məŋhilaŋ]
aus … entlassen	membebaskan	[membebaskan]
Amnestie (f)	amnesti	[amnesti]
Polizei (f)	polisi, kepolisian	[polisi], [kepolisian]
Polizist (m)	polisi	[polisi]
Polizeiwache (f)	kantor polisi	[kantor polisi]
Gummiknüppel (m)	pentungan karet	[pentuŋan karet]
Sprachrohr (n)	pengeras suara	[peŋeras suara]
Streifenwagen (m)	mobil patroli	[mobil patroli]
Sirene (f)	sirene	[sirene]
die Sirene einschalten	membunyikan sirene	[membunjikan sirene]
Sirenengeheul (n)	suara sirene	[suara sirene]
Tatort (m)	tempat kejadian perkara	[tempat kedʒadian perkara]
Zeuge (m)	saksi	[saksi]
Freiheit (f)	kebebasan	[kebebasan]
Komplize (m)	kaki tangan	[kaki taŋan]
verschwinden (vi)	melarikan diri	[melarikan diri]
Spur (f)	jejak	[dʒedʒaʔ]

121. Polizei. Recht. Teil 2

Fahndung (f)	pencarian	[pentʃarian]
suchen (vt)	mencari …	[məntʃari …]
Verdacht (m)	kecurigaan	[ketʃurigaʔan]
verdächtig (Adj)	mencurigakan	[məntʃurigakan]
anhalten (Polizei)	menghentikan	[məŋhentikan]
verhaften (vt)	menahan	[mənahan]
Fall (m), Klage (f)	kasus, perkara	[kasus], [perkara]
Untersuchung (f)	investigasi, penyidikan	[investigasi], [penjidikan]
Detektiv (m)	detektif	[detektif]
Ermittlungsrichter (m)	penyidik	[penjidiʔ]
Version (f)	hipotesis	[hipotesis]
Motiv (n)	motif	[motif]
Verhör (n)	interogasi	[interogasi]
verhören (vt)	menginterogasi	[məŋinterogasi]
vernehmen (vt)	menanyai	[mənanjaj]

Kontrolle (Personen-)	pemeriksaan	[pemeriksa'an]
Razzia (f)	razia	[razia]
Durchsuchung (f)	penggeledahan	[peŋgeledahan]
Verfolgung (f)	pengejaran, perburuan	[peŋedʒʲaran], [pərburuan]
nachjagen (vi)	mengejar	[məŋedʒʲar]
verfolgen (vt)	melacak	[melatʃa']

Verhaftung (f)	penahanan	[penahanan]
verhaften (vt)	menahan	[mənahan]
fangen (vt)	menangkap	[mənaŋkap]
Festnahme (f)	penangkapan	[penaŋkapan]

Dokument (n)	dokumen	[dokumen]
Beweis (m)	bukti	[bukti]
beweisen (vt)	membuktikan	[membuktikan]
Fußspur (f)	jejak	[dʒʲedʒʲa']
Fingerabdrücke (pl)	sidik jari	[sidi' dʒʲari]
Beweisstück (n)	barang bukti	[baraŋ bukti]

Alibi (n)	alibi	[alibi]
unschuldig	tidak bersalah	[tida' bərsalah]
Ungerechtigkeit (f)	ketidakadilan	[ketidakadilan]
ungerecht	tidak adil	[tida' adil]

Kriminal- beschlagnahmen (vt)	pidana menyita	[pidana] [mənjita]
Droge (f)	narkoba	[narkoba]
Waffe (f)	senjata	[sendʒʲata]
entwaffnen (vt)	melucuti	[melutʃuti]
befehlen (vt)	memerintahkan	[memerintahkan]
verschwinden (vi)	menghilang	[məŋhilaŋ]

Gesetz (n)	hukum	[hukum]
gesetzlich	sah	[sah]
ungesetzlich	tidak sah	[tida' sah]

| Verantwortlichkeit (f) | tanggung jawab | [taŋguŋ dʒʲawab] |
| verantwortlich | bertanggung jawab | [bərtaŋguŋ dʒʲawab] |

NATUR

Die Erde. Teil 1

122. Weltall

Deutsch	Indonesisch	Aussprache
Kosmos (m)	angkasa	[aŋkasa]
kosmisch, Raum-	angkasa	[aŋkasa]
Weltraum (m)	ruang angkasa	[ruaŋ aŋkasa]
All (n)	dunia	[dunia]
Universum (n)	jagat raya	[dʒagat raja]
Galaxie (f)	galaksi	[galaksi]
Stern (m)	bintang	[bintaŋ]
Gestirn (n)	gugusan bintang	[gugusan bintaŋ]
Planet (m)	planet	[planet]
Satellit (m)	satelit	[satelit]
Meteorit (m)	meteorit	[meteorit]
Komet (m)	komet	[komet]
Asteroid (m)	asteroid	[asteroid]
Umlaufbahn (f)	orbit	[orbit]
sich drehen	berputar	[bərputar]
Atmosphäre (f)	atmosfer	[atmosfer]
Sonne (f)	matahari	[matahari]
Sonnensystem (n)	tata surya	[tata surja]
Sonnenfinsternis (f)	gerhana matahari	[gerhana matahari]
Erde (f)	Bumi	[bumi]
Mond (m)	Bulan	[bulan]
Mars (m)	Mars	[mars]
Venus (f)	Venus	[venus]
Jupiter (m)	Yupiter	[yupiter]
Saturn (m)	Saturnus	[saturnus]
Merkur (m)	Merkurius	[merkurius]
Uran (m)	Uranus	[uranus]
Neptun (m)	Neptunus	[neptunus]
Pluto (m)	Pluto	[pluto]
Milchstraße (f)	Bimasakti	[bimasakti]
Der Große Bär	Ursa Major	[ursa madʒor]
Polarstern (m)	Bintang Utara	[bintaŋ utara]
Marsbewohner (m)	makhluk Mars	[mahluʔ mars]
Außerirdischer (m)	makhluk ruang angkasa	[mahluʔ ruaŋ aŋkasa]

außerirdisches Wesen (n)	alien, makhluk asing	[alien], [mahlu' asiŋ]
fliegende Untertasse (f)	piring terbang	[piriŋ tərbaŋ]
Raumschiff (n)	kapal antariksa	[kapal antariksa]
Raumstation (f)	stasiun antariksa	[stasiun antariksa]
Raketenstart (m)	peluncuran	[peluntʃuran]
Triebwerk (n)	mesin	[mesin]
Düse (f)	nosel	[nosel]
Treibstoff (m)	bahan bakar	[bahan bakar]
Kabine (f)	kokpit	[kokpit]
Antenne (f)	antena	[antena]
Bullauge (n)	jendela	[dʒ'endela]
Sonnenbatterie (f)	sel surya	[sel surja]
Raumanzug (m)	pakaian antariksa	[pakajan antariksa]
Schwerelosigkeit (f)	keadaan tanpa bobot	[keada'an tanpa bobot]
Sauerstoff (m)	oksigen	[oksigen]
Ankopplung (f)	penggabungan	[pəŋgabuŋan]
koppeln (vi)	bergabung	[bərgabuŋ]
Observatorium (n)	observatorium	[observatorium]
Teleskop (n)	teleskop	[teleskop]
beobachten (vt)	mengamati	[məŋamati]
erforschen (vt)	mengeksplorasi	[məŋeksplorasi]

123. Die Erde

Erde (f)	Bumi	[bumi]
Erdkugel (f)	bola Bumi	[bola bumi]
Planet (m)	planet	[planet]
Atmosphäre (f)	atmosfer	[atmosfer]
Geographie (f)	geografi	[geografi]
Natur (f)	alam	[alam]
Globus (m)	globe	[globe]
Landkarte (f)	peta	[peta]
Atlas (m)	atlas	[atlas]
Europa (n)	Eropa	[eropa]
Asien (n)	Asia	[asia]
Afrika (n)	Afrika	[afrika]
Australien (n)	Australia	[australia]
Amerika (n)	Amerika	[amerika]
Nordamerika (n)	Amerika Utara	[amerika utara]
Südamerika (n)	Amerika Selatan	[amerika selatan]
Antarktis (f)	Antartika	[antartika]
Arktis (f)	Arktika	[arktika]

124. Himmelsrichtungen

Norden (m)	utara	[utara]
nach Norden	ke utara	[ke utara]
im Norden	di utara	[di utara]
nördlich	utara	[utara]
Süden (m)	selatan	[selatan]
nach Süden	ke selatan	[ke selatan]
im Süden	di selatan	[di selatan]
südlich	selatan	[selatan]
Westen (m)	barat	[barat]
nach Westen	ke barat	[ke barat]
im Westen	di barat	[di barat]
westlich, West-	barat	[barat]
Osten (m)	timur	[timur]
nach Osten	ke timur	[ke timur]
im Osten	di timur	[di timur]
östlich	timur	[timur]

125. Meer. Ozean

Meer (n), See (f)	laut	[laut]
Ozean (m)	samudra	[samudra]
Golf (m)	teluk	[teluʔ]
Meerenge (f)	selat	[selat]
Festland (n)	daratan	[daratan]
Kontinent (m)	benua	[benua]
Insel (f)	pulau	[pulau]
Halbinsel (f)	semenanjung, jazirah	[semenandʒʲuŋ], [dʒʲazirah]
Archipel (m)	kepulauan	[kepulauan]
Bucht (f)	teluk	[teluʔ]
Hafen (m)	pelabuhan	[pelabuhan]
Lagune (f)	laguna	[laguna]
Kap (n)	tanjung	[tandʒʲuŋ]
Atoll (n)	pulau karang	[pulau karaŋ]
Riff (n)	terumbu	[terumbu]
Koralle (f)	karang	[karaŋ]
Korallenriff (n)	terumbu karang	[terumbu karaŋ]
tief (Adj)	dalam	[dalam]
Tiefe (f)	kedalaman	[kedalaman]
Abgrund (m)	jurang	[dʒʲuraŋ]
Graben (m)	palung	[paluŋ]
Strom (m)	arus	[arus]
umspülen (vt)	berbatasan dengan	[berbatasan deŋan]

| Ufer (n) | pantai | [pantaj] |
| Küste (f) | pantai | [pantaj] |

Flut (f)	air pasang	[air pasaŋ]
Ebbe (f)	air surut	[air surut]
Sandbank (f)	beting	[betiŋ]
Boden (m)	dasar	[dasar]

Welle (f)	gelombang	[gelombaŋ]
Wellenkamm (m)	puncak gelombang	[puntʃaʔ gelombaŋ]
Schaum (m)	busa, buih	[busa], [buih]

Sturm (m)	badai	[badaj]
Orkan (m)	topan	[topan]
Tsunami (m)	tsunami	[tsunami]
Windstille (f)	angin tenang	[aŋin tenaŋ]
ruhig	tenang	[tenaŋ]

| Pol (m) | kutub | [kutub] |
| Polar- | kutub | [kutub] |

Breite (f)	lintang	[lintaŋ]
Länge (f)	garis bujur	[garis budʒʲur]
Breitenkreis (m)	sejajar	[sedʒʲadʒʲar]
Äquator (m)	khatulistiwa	[hatulistiwa]

Himmel (m)	langit	[laŋit]
Horizont (m)	horizon	[horizon]
Luft (f)	udara	[udara]

Leuchtturm (m)	mercusuar	[mertʃusuar]
tauchen (vi)	menyelam	[mənjelam]
versinken (vi)	karam	[karam]
Schätze (pl)	harta karun	[harta karun]

126. Namen der Meere und Ozeane

Atlantischer Ozean (m)	Samudra Atlantik	[samudra atlantiʔ]
Indischer Ozean (m)	Samudra Hindia	[samudra hindia]
Pazifischer Ozean (m)	Samudra Pasifik	[samudra pasifiʔ]
Arktischer Ozean (m)	Samudra Arktik	[samudra arktiʔ]

Schwarzes Meer (n)	Laut Hitam	[laut hitam]
Rotes Meer (n)	Laut Merah	[laut merah]
Gelbes Meer (n)	Laut Kuning	[laut kuniŋ]
Weißes Meer (n)	Laut Putih	[laut putih]

Kaspisches Meer (n)	Laut Kaspia	[laut kaspia]
Totes Meer (n)	Laut Mati	[laut mati]
Mittelmeer (n)	Laut Tengah	[laut teŋah]

Ägäisches Meer (n)	Laut Aegean	[laut aegean]
Adriatisches Meer (n)	Laut Adriatik	[laut adriatiʔ]
Arabisches Meer (n)	Laut Arab	[laut arab]

Japanisches Meer (n)	Laut Jepang	[laut dʒʲepaŋ]
Beringmeer (n)	Laut Bering	[laut beriŋ]
Südchinesisches Meer (n)	Laut Cina Selatan	[laut tʃina selatan]
Korallenmeer (n)	Laut Karang	[laut karaŋ]
Tasmansee (f)	Laut Tasmania	[laut tasmania]
Karibisches Meer (n)	Laut Karibia	[laut karibia]
Barentssee (f)	Laut Barents	[laut barents]
Karasee (f)	Laut Kara	[laut kara]
Nordsee (f)	Laut Utara	[laut utara]
Ostsee (f)	Laut Baltik	[laut baltiʔ]
Nordmeer (n)	Laut Norwegia	[laut norwegia]

127. Berge

Berg (m)	gunung	[gunuŋ]
Gebirgskette (f)	jajaran gunung	[dʒʲadʒʲaran gunuŋ]
Bergrücken (m)	sisir gunung	[sisir gunuŋ]
Gipfel (m)	puncak	[puntʃaʔ]
Spitze (f)	puncak	[puntʃaʔ]
Bergfuß (m)	kaki	[kaki]
Abhang (m)	lereng	[lereŋ]
Vulkan (m)	gunung api	[gunuŋ api]
tätiger Vulkan (m)	gunung api yang aktif	[gunuŋ api yaŋ aktif]
schlafender Vulkan (m)	gunung api yang tidak aktif	[gunuŋ api yaŋ tidaʔ aktif]
Ausbruch (m)	erupsi, letusan	[erupsi], [letusan]
Krater (m)	kawah	[kawah]
Magma (n)	magma	[magma]
Lava (f)	lava, lahar	[lava], [lahar]
glühend heiß (-e Lava)	pijar	[pidʒʲar]
Cañon (m)	kanyon	[kanjon]
Schlucht (f)	jurang	[dʒʲuraŋ]
Spalte (f)	celah	[tʃelah]
Abgrund (m) (steiler ~)	jurang	[dʒʲuraŋ]
Gebirgspass (m)	pass, celah	[pass], [tʃelah]
Plateau (n)	plato, dataran tinggi	[plato], [dataran tiŋgi]
Fels (m)	tebing	[tebiŋ]
Hügel (m)	bukit	[bukit]
Gletscher (m)	gletser	[gletser]
Wasserfall (m)	air terjun	[air tərdʒʲun]
Geiser (m)	geiser	[geyser]
See (m)	danau	[danau]
Ebene (f)	dataran	[dataran]
Landschaft (f)	landskap	[landskap]
Echo (n)	gema	[gema]

Bergsteiger (m)	pendaki gunung	[pendaki gunuŋ]
Kletterer (m)	pemanjat tebing	[pemandʒ'at tebiŋ]
bezwingen (vt)	menaklukkan	[mənaklu'kan]
Aufstieg (m)	pendakian	[pendakian]

128. Namen der Berge

Alpen (pl)	Alpen	[alpen]
Montblanc (m)	Mont Blanc	[mon blan]
Pyrenäen (pl)	Pirenia	[pirenia]

Karpaten (pl)	Pegunungan Karpatia	[pegunuŋan karpatia]
Uralgebirge (n)	Pegunungan Ural	[pegunuŋan ural]
Kaukasus (m)	Kaukasus	[kaukasus]
Elbrus (m)	Elbrus	[elbrus]

Altai (m)	Altai	[altaj]
Tian Shan (m)	Tien Shan	[tjen ʃan]
Pamir (m)	Pegunungan Pamir	[pegunuŋan pamir]
Himalaja (m)	Himalaya	[himalaja]
Everest (m)	Everest	[everest]

| Anden (pl) | Andes | [andes] |
| Kilimandscharo (m) | Kilimanjaro | [kilimandʒ'aro] |

129. Flüsse

Fluss (m)	sungai	[suŋaj]
Quelle (f)	mata air	[mata air]
Flussbett (n)	badan sungai	[badan suŋaj]
Stromgebiet (n)	basin	[basin]
einmünden in ...	mengalir ke ...	[məŋalir ke ...]

| Nebenfluss (m) | anak sungai | [ana' suŋaj] |
| Ufer (n) | tebing sungai | [tebiŋ suŋaj] |

Strom (m)	arus	[arus]
stromabwärts	ke hilir	[ke hilir]
stromaufwärts	ke hulu	[ke hulu]

Überschwemmung (f)	banjir	[bandʒir]
Hochwasser (n)	banjir	[bandʒir]
aus den Ufern treten	membanjiri	[membandʒiri]
überfluten (vt)	membanjiri	[membandʒiri]

| Sandbank (f) | beting | [betiŋ] |
| Stromschnelle (f) | jeram | [dʒ'eram] |

Damm (m)	dam, bendungan	[dam], [benduŋan]
Kanal (m)	kanal, terusan	[kanal], [tərusan]
Stausee (m)	waduk	[wadu']
Schleuse (f)	pintu air	[pintu air]

Gewässer (n)	kolam	[kolam]
Sumpf (m), Moor (n)	rawa	[rawa]
Marsch (f)	bencah, paya	[bentʃah], [paja]
Strudel (m)	pusaran air	[pusaran air]

Bach (m)	selokan	[selokan]
Trink- (z.B. Trinkwasser)	minum	[minum]
Süß- (Wasser)	tawar	[tawar]

| Eis (n) | es | [es] |
| zufrieren (vi) | membeku | [membeku] |

130. Namen der Flüsse

| Seine (f) | Seine | [seine] |
| Loire (f) | Loire | [loire] |

Themse (f)	Thames	[tems]
Rhein (m)	Rein	[reyn]
Donau (f)	Donau	[donau]

Wolga (f)	Volga	[volga]
Don (m)	Don	[don]
Lena (f)	Lena	[lena]

Gelber Fluss (m)	Suang Kuning	[suaŋ kuniŋ]
Jangtse (m)	Yangtze	[yaŋtze]
Mekong (m)	Mekong	[mekoŋ]
Ganges (m)	Gangga	[gaŋga]

Nil (m)	Sungai Nil	[suŋaj nil]
Kongo (m)	Kongo	[koŋo]
Okavango (m)	Okavango	[okavaŋo]
Sambesi (m)	Zambezi	[zambezi]
Limpopo (m)	Limpopo	[lImpopʊ]
Mississippi (m)	Mississippi	[misisipi]

131. Wald

| Wald (m) | hutan | [hutan] |
| Wald- | hutan | [hutan] |

Dickicht (n)	hutan lebat	[hutan lebat]
Gehölz (n)	hutan kecil	[hutan ketʃil]
Lichtung (f)	pembukaan hutan	[pembukaʔan hutan]

| Dickicht (n) | semak belukar | [semaʔ belukar] |
| Gebüsch (n) | belukar | [belukar] |

Fußweg (m)	jalan setapak	[dʒ'alan setapaʔ]
Erosionsrinne (f)	parit	[parit]
Baum (m)	pohon	[pohon]

| Blatt (n) | daun | [daun] |
| Laub (n) | daun-daunan | [daun-daunan] |

Laubfall (m)	daun berguguran	[daun berguguran]
fallen (Blätter)	luruh	[luruh]
Wipfel (m)	puncak	[puntʃaʔ]

Zweig (m)	cabang	[tʃabaŋ]
Ast (m)	dahan	[dahan]
Knospe (f)	tunas	[tunas]
Nadel (f)	daun jarum	[daun dʒˈarum]
Zapfen (m)	buah pinus	[buah pinus]

Höhlung (f)	lubang pohon	[lubaŋ pohon]
Nest (n)	sarang	[saraŋ]
Höhle (f)	lubang	[lubaŋ]

Stamm (m)	batang	[bataŋ]
Wurzel (f)	akar	[akar]
Rinde (f)	kulit	[kulit]
Moos (n)	lumut	[lumut]

entwurzeln (vt)	mencabut	[mentʃabut]
fällen (vt)	menebang	[menebaŋ]
abholzen (vt)	deforestasi, penggundulan hutan	[deforestasi], [peŋgundulan hutan]
Baumstumpf (m)	tunggul	[tuŋgul]

Lagerfeuer (n)	api unggun	[api uŋgun]
Waldbrand (m)	kebakaran hutan	[kebakaran hutan]
löschen (vt)	memadamkan	[memadamkan]

Förster (m)	penjaga hutan	[pendʒˈaga hutan]
Schutz (m)	perlindungan	[perlinduŋan]
beschützen (vt)	melindungi	[meliduŋi]
Wilddieb (m)	pemburu ilegal	[pemburu ilegal]
Falle (f)	perangkap	[peraŋkap]

| sammeln, pflücken (vt) | memetik | [memetiʔ] |
| sich verirren | tersesat | [tersesat] |

132. natürliche Lebensgrundlagen

Naturressourcen (pl)	sumber daya alam	[sumber daja alam]
Bodenschätze (pl)	bahan tambang	[bahan tambaŋ]
Vorkommen (n)	endapan	[endapan]
Feld (Ölfeld usw.)	ladang	[ladaŋ]

gewinnen (vt)	menambang	[menambaŋ]
Gewinnung (f)	pertambangan	[pertambaŋan]
Erz (n)	bijih	[bidʒih]
Bergwerk (n)	tambang	[tambaŋ]
Schacht (m)	sumur tambang	[sumur tambaŋ]
Bergarbeiter (m)	penambang	[penambaŋ]

Erdgas (n)	gas	[gas]
Gasleitung (f)	pipa saluran gas	[pipa saluran gas]
Erdöl (n)	petroleum, minyak	[petroleum], [minjaʔ]
Erdölleitung (f)	pipa saluran minyak	[pipa saluran minjaʔ]
Ölquelle (f)	sumur minyak	[sumur minjaʔ]
Bohrturm (m)	menara bor minyak	[mənara bor minjaʔ]
Tanker (m)	kapal tangki	[kapal taŋki]
Sand (m)	pasir	[pasir]
Kalkstein (m)	batu kapur	[batu kapur]
Kies (m)	kerikil	[kerikil]
Torf (m)	gambut	[gambut]
Ton (m)	tanah liat	[tanah liat]
Kohle (f)	arang	[araŋ]
Eisen (n)	besi	[besi]
Gold (n)	emas	[emas]
Silber (n)	perak	[peraʔ]
Nickel (n)	nikel	[nikel]
Kupfer (n)	tembaga	[tembaga]
Zink (n)	seng	[seŋ]
Mangan (n)	mangan	[maŋan]
Quecksilber (n)	air raksa	[air raksa]
Blei (n)	timbal	[timbal]
Mineral (n)	mineral	[mineral]
Kristall (m)	kristal, hablur	[kristal], [hablur]
Marmor (m)	marmer	[marmer]
Uran (n)	uranium	[uranium]

Die Erde. Teil 2

133. Wetter

Wetter (n)	cuaca	[ʧuaʧa]
Wetterbericht (m)	prakiraan cuaca	[prakira'an ʧuaʧa]
Temperatur (f)	temperatur, suhu	[temperatur], [suhu]
Thermometer (n)	termometer	[tərmometər]
Barometer (n)	barometer	[barometer]
feucht	lembap	[lembap]
Feuchtigkeit (f)	kelembapan	[kelembapan]
Hitze (f)	panas, gerah	[panas], [gerah]
glutheiß	panas terik	[panas təriʔ]
ist heiß	panas	[panas]
ist warm	hangat	[haŋat]
warm (Adj)	hangat	[haŋat]
ist kalt	dingin	[diŋin]
kalt (Adj)	dingin	[diŋin]
Sonne (f)	matahari	[matahari]
scheinen (vi)	bersinar	[bərsinar]
sonnig (Adj)	cerah	[ʧerah]
aufgehen (vi)	terbit	[terbit]
untergehen (vi)	terbenam	[tərbenam]
Wolke (f)	awan	[awan]
bewölkt, wolkig	berawan	[bərawan]
Regenwolke (f)	awan mendung	[awan menduŋ]
trüb (-er Tag)	mendung	[menduŋ]
Regen (m)	hujan	[huʤʲan]
Es regnet	hujan turun	[huʤʲan turun]
regnerisch (-er Tag)	hujan	[huʤʲan]
nieseln (vi)	gerimis	[gerimis]
strömender Regen (m)	hujan lebat	[huʤʲan lebat]
Regenschauer (m)	hujan lebat	[huʤʲan lebat]
stark (-er Regen)	lebat	[lebat]
Pfütze (f)	kubangan	[kubaŋan]
nass werden (vi)	kehujanan	[kehuʤʲanan]
Nebel (m)	kabut	[kabut]
neblig (-er Tag)	berkabut	[bərkabut]
Schnee (m)	salju	[salʤʲu]
Es schneit	turun salju	[turun salʤʲu]

134. Unwetter. Naturkatastrophen

Gewitter (n)	hujan badai	[hudʒʲan badaj]
Blitz (m)	kilat	[kilat]
blitzen (vi)	berkilau	[bərkilau]

Donner (m)	petir	[petir]
donnern (vi)	bergemuruh	[bərgemuruh]
Es donnert	bergemuruh	[bərgemuruh]

| Hagel (m) | hujan es | [hudʒʲan es] |
| Es hagelt | hujan es | [hudʒʲan es] |

| überfluten (vt) | membanjiri | [membandʒiri] |
| Überschwemmung (f) | banjir | [bandʒir] |

Erdbeben (n)	gempa bumi	[gempa bumi]
Erschütterung (f)	gempa	[gempa]
Epizentrum (n)	episentrum	[episentrum]

| Ausbruch (m) | erupsi, letusan | [erupsi], [letusan] |
| Lava (f) | lava, lahar | [lava], [lahar] |

Wirbelsturm (m)	puting beliung	[putiŋ beliuŋ]
Tornado (m)	tornado	[tornado]
Taifun (m)	topan	[topan]

Orkan (m)	topan	[topan]
Sturm (m)	badai	[badaj]
Tsunami (m)	tsunami	[tsunami]

Zyklon (m)	siklon	[siklon]
Unwetter (n)	cuaca buruk	[tʃuatʃa buruʔ]
Brand (m)	kebakaran	[kebakaran]
Katastrophe (f)	bencana	[bentʃana]
Meteorit (m)	meteorit	[meteorit]

Lawine (f)	longsor	[loŋsor]
Schneelawine (f)	salju longsor	[saldʒʲu loŋsor]
Schneegestöber (n)	badai salju	[badaj saldʒʲu]
Schneesturm (m)	badai salju	[badaj saldʒʲu]

Fauna

135. Säugetiere. Raubtiere

Raubtier (n)	predator, pemangsa	[predator], [pemaŋsa]
Tiger (m)	harimau	[harimau]
Löwe (m)	singa	[siŋa]
Wolf (m)	serigala	[serigala]
Fuchs (m)	rubah	[rubah]
Jaguar (m)	jaguar	[dʒʲaguar]
Leopard (m)	leopard, macan tutul	[leopard], [matʃan tutul]
Gepard (m)	cheetah	[tʃeetah]
Panther (m)	harimau kumbang	[harimau kumbaŋ]
Puma (m)	singa gunung	[siŋa gunuŋ]
Schneeleopard (m)	harimau bintang salju	[harimau bintaŋ saldʒʲu]
Luchs (m)	lynx	[links]
Kojote (m)	koyote	[koyot]
Schakal (m)	jakal	[dʒʲakal]
Hyäne (f)	hiena	[hiena]

136. Tiere in freier Wildbahn

Tier (n)	binatang	[binataŋ]
Bestie (f)	binatang buas	[binataŋ buas]
Eichhörnchen (n)	bajing	[badʒiŋ]
Igel (m)	landak susu	[landaʔ susu]
Hase (m)	terwelu	[tərwelu]
Kaninchen (n)	kelinci	[kelintʃi]
Dachs (m)	luak	[luaʔ]
Waschbär (m)	rakun	[rakun]
Hamster (m)	hamster	[hamster]
Murmeltier (n)	marmut	[marmut]
Maulwurf (m)	tikus mondok	[tikus mondoʔ]
Maus (f)	tikus	[tikus]
Ratte (f)	tikus besar	[tikus besar]
Fledermaus (f)	kelelawar	[kelelawar]
Hermelin (n)	ermin	[ermin]
Zobel (m)	sabel	[sabel]
Marder (m)	marten	[marten]
Wiesel (n)	musang	[musaŋ]
Nerz (m)	cerpelai	[tʃerpelaj]

Biber (m)	beaver	[beaver]
Fischotter (m)	berang-berang	[bəraŋ-bəraŋ]
Pferd (n)	kuda	[kuda]
Elch (m)	rusa besar	[rusa besar]
Hirsch (m)	rusa	[rusa]
Kamel (n)	unta	[unta]
Bison (m)	bison	[bison]
Wisent (m)	aurochs	[oroks]
Büffel (m)	kerbau	[kerbau]
Zebra (n)	kuda belang	[kuda belaŋ]
Antilope (f)	antelop	[antelop]
Reh (n)	kijang	[kidʒʲaŋ]
Damhirsch (m)	rusa	[rusa]
Gämse (f)	chamois	[ʃemva]
Wildschwein (n)	babi hutan jantan	[babi hutan dʒʲantan]
Wal (m)	ikan paus	[ikan paus]
Seehund (m)	anjing laut	[andʒiŋ laut]
Walroß (n)	walrus	[walrus]
Seebär (m)	anjing laut berbulu	[andʒiŋ laut bərbulu]
Delfin (m)	lumba-lumba	[lumba-lumba]
Bär (m)	beruang	[bəruaŋ]
Eisbär (m)	beruang kutub	[bəruaŋ kutub]
Panda (m)	panda	[panda]
Affe (m)	monyet	[monjet]
Schimpanse (m)	simpanse	[simpanse]
Orang-Utan (m)	orang utan	[oraŋ utan]
Gorilla (m)	gorila	[gorila]
Makak (m)	kera	[kera]
Gibbon (m)	siamang, ungka	[siamaŋ], [uŋka]
Elefant (m)	gajah	[gadʒʲah]
Nashorn (n)	badak	[badaʔ]
Giraffe (f)	jerapah	[dʒʲerapah]
Flusspferd (n)	kuda nil	[kuda nil]
Känguru (n)	kanguru	[kaŋuru]
Koala (m)	koala	[koala]
Manguste (f)	garangan	[garaŋan]
Chinchilla (n)	chinchilla	[tʃintʃilla]
Stinktier (n)	sigung	[siguŋ]
Stachelschwein (n)	landak	[landaʔ]

137. Haustiere

Katze (f)	kucing betina	[kutʃiŋ betina]
Kater (m)	kucing jantan	[kutʃiŋ dʒʲantan]
Hund (m)	anjing	[andʒiŋ]

Pferd (n)	kuda	[kuda]
Hengst (m)	kuda jantan	[kuda dʒʲantan]
Stute (f)	kuda betina	[kuda betina]
Kuh (f)	sapi	[sapi]
Stier (m)	sapi jantan	[sapi dʒʲantan]
Ochse (m)	lembu jantan	[lembu dʒʲantan]
Schaf (n)	domba	[domba]
Widder (m)	domba jantan	[domba dʒʲantan]
Ziege (f)	kambing betina	[kambiŋ betina]
Ziegenbock (m)	kambing jantan	[kambiŋ dʒʲantan]
Esel (m)	keledai	[keledaj]
Maultier (n)	bagal	[bagal]
Schwein (n)	babi	[babi]
Ferkel (n)	anak babi	[ana' babi]
Kaninchen (n)	kelinci	[kelintʃi]
Huhn (n)	ayam betina	[ajam betina]
Hahn (m)	ayam jago	[ajam dʒʲago]
Ente (f)	bebek	[bebeʔ]
Enterich (m)	bebek jantan	[bebeʔ dʒʲantan]
Gans (f)	angsa	[aŋsa]
Puter (m)	kalkun jantan	[kalkun dʒʲantan]
Pute (f)	kalkun betina	[kalkun betina]
Haustiere (pl)	binatang piaraan	[binataŋ piaraʔan]
zahm	jinak	[dʒinaʔ]
zähmen (vt)	menjinakkan	[məndʒinaʔkan]
züchten (vt)	membiakkan	[membiaʔkan]
Farm (f)	peternakan	[peternakan]
Geflügel (n)	unggas	[uŋgas]
Vieh (n)	ternak	[ternaʔ]
Herde (f)	kawanan	[kawanan]
Pferdestall (m)	kandang kuda	[kandaŋ kuda]
Schweinestall (m)	kandang babi	[kandaŋ babi]
Kuhstall (m)	kandang sapi	[kandaŋ sapi]
Kaninchenstall (m)	sangkar kelinci	[saŋkar kelintʃi]
Hühnerstall (m)	kandang ayam	[kandaŋ ajam]

138. Vögel

Vogel (m)	burung	[buruŋ]
Taube (f)	burung dara	[buruŋ dara]
Spatz (m)	burung gereja	[buruŋ geredʒʲa]
Meise (f)	burung tit	[buruŋ tit]
Elster (f)	burung murai	[buruŋ muraj]
Rabe (m)	burung raven	[buruŋ raven]

Krähe (f)	burung gagak	[buruŋ gagaʔ]
Dohle (f)	burung gagak kecil	[buruŋ gagaʔ ketʃil]
Saatkrähe (f)	burung rook	[buruŋ rooʔ]
Ente (f)	bebek	[bebeʔ]
Gans (f)	angsa	[aŋsa]
Fasan (m)	burung kuau	[buruŋ kuau]
Adler (m)	rajawali	[radʒˈawali]
Habicht (m)	elang	[elaŋ]
Falke (m)	alap-alap	[alap-alap]
Greif (m)	hering	[heriŋ]
Kondor (m)	kondor	[kondor]
Schwan (m)	angsa	[aŋsa]
Kranich (m)	burung jenjang	[buruŋ dʒˈendʒˈaŋ]
Storch (m)	bangau	[baŋau]
Papagei (m)	burung nuri	[buruŋ nuri]
Kolibri (m)	burung kolibri	[buruŋ kolibri]
Pfau (m)	burung merak	[buruŋ meraʔ]
Strauß (m)	burung unta	[buruŋ unta]
Reiher (m)	kuntul	[kuntul]
Flamingo (m)	burung flamingo	[buruŋ flamiŋo]
Pelikan (m)	pelikan	[pelikan]
Nachtigall (f)	burung bulbul	[buruŋ bulbul]
Schwalbe (f)	burung walet	[buruŋ walet]
Drossel (f)	burung jalak	[buruŋ dʒˈalaʔ]
Singdrossel (f)	burung jalak suren	[buruŋ dʒˈalaʔ suren]
Amsel (f)	burung jalak hitam	[buruŋ dʒˈalaʔ hitam]
Segler (m)	burung apus-apus	[buruŋ apus-apus]
Lerche (f)	burung lark	[buruŋ larʔ]
Wachtel (f)	burung puyuh	[buruŋ puyuh]
Specht (m)	burung pelatuk	[buruŋ pelatuʔ]
Kuckuck (m)	burung kukuk	[buruŋ kukuʔ]
Eule (f)	burung hantu	[buruŋ hantu]
Uhu (m)	burung hantu bertanduk	[buruŋ hantu bertanduʔ]
Auerhahn (m)	burung murai kayu	[buruŋ muraj kaju]
Birkhahn (m)	burung belibis hitam	[buruŋ belibis hitam]
Rebhuhn (n)	ayam hutan	[ajam hutan]
Star (m)	burung starling	[buruŋ starliŋ]
Kanarienvogel (m)	burung kenari	[buruŋ kenari]
Haselhuhn (n)	ayam hutan hazel	[ajam hutan hazel]
Buchfink (m)	burung chaffinch	[buruŋ tʃaffintʃ]
Gimpel (m)	burung bullfinch	[buruŋ bullfintʃ]
Möwe (f)	burung camar	[buruŋ tʃamar]
Albatros (m)	albatros	[albatros]
Pinguin (m)	penguin	[peŋuin]

139. Fische. Meerestiere

Brachse (f)	ikan bream	[ikan bream]
Karpfen (m)	ikan karper	[ikan karper]
Barsch (m)	ikan tilapia	[ikan tilapia]
Wels (m)	lais junggang	[lajs dʒjuŋgaŋ]
Hecht (m)	ikan pike	[ikan paik]

| Lachs (m) | salmon | [salmon] |
| Stör (m) | ikan sturgeon | [ikan sturdʒjen] |

Hering (m)	ikan haring	[ikan hariŋ]
atlantische Lachs (m)	ikan salem	[ikan salem]
Makrele (f)	ikan kembung	[ikan kembuŋ]
Scholle (f)	ikan sebelah	[ikan sebelah]

Zander (m)	ikan seligi tenggeran	[ikan seligi teŋgeran]
Dorsch (m)	ikan kod	[ikan kod]
Tunfisch (m)	tuna	[tuna]
Forelle (f)	ikan forel	[ikan forel]

Aal (m)	belut	[belut]
Zitterrochen (m)	ikan pari listrik	[ikan pari listriʔ]
Muräne (f)	belut moray	[belut morey]
Piranha (m)	ikan piranha	[ikan piranha]

Hai (m)	ikan hiu	[ikan hiu]
Delfin (m)	lumba-lumba	[lumba-lumba]
Wal (m)	ikan paus	[ikan paus]

Krabbe (f)	kepiting	[kepitiŋ]
Meduse (f)	ubur-ubur	[ubur-ubur]
Krake (m)	gurita	[gurita]

Seestern (m)	bintang laut	[bintaŋ laut]
Seeigel (m)	landak laut	[landaʔ laut]
Seepferdchen (n)	kuda laut	[kuda laut]

Auster (f)	tiram	[tiram]
Garnele (f)	udang	[udaŋ]
Hummer (m)	udang karang	[udaŋ karaŋ]
Languste (f)	lobster berduri	[lobster berduri]

140. Amphibien Reptilien

| Schlange (f) | ular | [ular] |
| Gift-, giftig | berbisa | [berbisa] |

Viper (f)	ular viper	[ular viper]
Kobra (f)	kobra	[kobra]
Python (m)	ular sanca	[ular santʃa]
Boa (f)	ular boa	[ular boa]
Ringelnatter (f)	ular tanah	[ular tanah]

Klapperschlange (f)	ular derik	[ular deriʔ]
Anakonda (f)	ular anakonda	[ular anakonda]

Eidechse (f)	kadal	[kadal]
Leguan (m)	iguana	[iguana]
Waran (m)	biawak	[biawaʔ]
Salamander (m)	salamander	[salamander]
Chamäleon (n)	bunglon	[buŋlon]
Skorpion (m)	kalajengking	[kaladʒ¡eŋkiŋ]

Schildkröte (f)	kura-kura	[kura-kura]
Frosch (m)	katak	[kataʔ]
Kröte (f)	kodok	[kodoʔ]
Krokodil (n)	buaya	[buaja]

141. Insekten

Insekt (n)	serangga	[seraŋga]
Schmetterling (m)	kupu-kupu	[kupu-kupu]
Ameise (f)	semut	[semut]
Fliege (f)	lalat	[lalat]
Mücke (f)	nyamuk	[njamuʔ]
Käfer (m)	kumbang	[kumbaŋ]

Wespe (f)	tawon	[tawon]
Biene (f)	lebah	[lebah]
Hummel (f)	kumbang	[kumbaŋ]
Bremse (f)	lalat kerbau	[lalat kerbau]

Spinne (f)	laba-laba	[laba-laba]
Spinnennetz (n)	sarang laba-laba	[saraŋ laba-laba]

Libelle (f)	capung	[tʃapuŋ]
Grashüpfer (m)	belalang	[belalaŋ]
Schmetterling (m)	ngengat	[ŋeŋat]

Schabe (f)	kecoa	[ketʃoa]
Zecke (f)	kutu	[kutu]
Floh (m)	kutu loncat	[kutu lontʃat]
Kriebelmücke (f)	agas	[agas]

Heuschrecke (f)	belalang	[belalaŋ]
Schnecke (f)	siput	[siput]
Heimchen (n)	jangkrik	[dʒ¡aŋkriʔ]
Leuchtkäfer (m)	kunang-kunang	[kunaŋ-kunaŋ]
Marienkäfer (m)	kumbang koksi	[kumbaŋ koksi]
Maikäfer (m)	kumbang Cockchafer	[kumbaŋ kokʃafer]

Blutegel (m)	lintah	[lintah]
Raupe (f)	ulat	[ulat]
Wurm (m)	cacing	[tʃatʃiŋ]
Larve (f)	larva	[larva]

Flora

142. Bäume

Baum (m)	pohon	[pohon]
Laub-	daun luruh	[daun luruh]
Nadel-	pohon jarum	[pohon dʒ¦arum]
immergrün	selalu hijau	[selalu hidʒ¦au]
Apfelbaum (m)	pohon apel	[pohon apel]
Birnbaum (m)	pohon pir	[pohon pir]
Süßkirschbaum (m)	pohon ceri manis	[pohon tʃeri manis]
Sauerkirschbaum (m)	pohon ceri asam	[pohon tʃeri asam]
Pflaumenbaum (m)	pohon plum	[pohon plum]
Birke (f)	pohon berk	[pohon bər ʔ]
Eiche (f)	pohon eik	[pohon ei ʔ]
Linde (f)	pohon linden	[pohon linden]
Espe (f)	pohon aspen	[pohon aspen]
Ahorn (m)	pohon mapel	[pohon mapel]
Fichte (f)	pohon den	[pohon den]
Kiefer (f)	pohon pinus	[pohon pinus]
Lärche (f)	pohon larch	[pohon lartʃ]
Tanne (f)	pohon fir	[pohon fir]
Zeder (f)	pohon aras	[pohon aras]
Pappel (f)	pohon poplar	[pohon poplar]
Vogelbeerbaum (m)	pohon rowan	[pohon rowan]
Weide (f)	pohon dedalu	[pohon dedalu]
Erle (f)	pohon alder	[pohon alder]
Buche (f)	pohon nothofagus	[pohon notofagus]
Ulme (f)	pohon elm	[pohon elm]
Esche (f)	pohon abu	[pohon abu]
Kastanie (f)	kastanye	[kastanje]
Magnolie (f)	magnolia	[magnolia]
Palme (f)	palem	[palem]
Zypresse (f)	pokok cipres	[pokoʔ sipres]
Mangrovenbaum (m)	bakau	[bakau]
Baobab (m)	baobab	[baobab]
Eukalyptus (m)	kayu putih	[kaju putih]
Mammutbaum (m)	sequoia	[sekuoia]

143. Büsche

Strauch (m)	rumpun	[rumpun]
Gebüsch (n)	semak	[semaʔ]

Weinstock (m)	pohon anggur	[pohon aŋgur]
Weinberg (m)	kebun anggur	[kebun aŋgur]

Himbeerstrauch (m)	pohon frambus	[pohon frambus]
schwarze Johannisbeere (f)	pohon blackcurrant	[pohon ble'karen]
rote Johannisbeere (f)	pohon redcurrant	[pohon redkaren]
Stachelbeerstrauch (m)	pohon arbei hijau	[pohon arbei hiʤʲau]

Akazie (f)	pohon akasia	[pohon akasia]
Berberitze (f)	pohon barberis	[pohon barberis]
Jasmin (m)	melati	[melati]

Wacholder (m)	pohon juniper	[pohon ʤʲuniper]
Rosenstrauch (m)	pohon mawar	[pohon mawar]
Heckenrose (f)	pohon mawar liar	[pohon mawar liar]

144. Obst. Beeren

Frucht (f)	buah	[buah]
Früchte (pl)	buah-buahan	[buah-buahan]

Apfel (m)	apel	[apel]
Birne (f)	pir	[pir]
Pflaume (f)	plum	[plum]

Erdbeere (f)	stroberi	[stroberi]
Sauerkirsche (f)	buah ceri asam	[buah ʧeri asam]
Süßkirsche (f)	buah ceri manis	[buah ʧeri manis]
Weintrauben (pl)	buah anggur	[buah aŋgur]

Himbeere (f)	buah frambus	[buah frambus]
schwarze Johannisbeere (f)	blackcurrant	[ble'karen]
rote Johannisbeere (f)	redcurrant	[redkaren]
Stachelbeere (f)	buah arbei hijau	[buah arbei hiʤʲau]
Moosbeere (f)	buah kranberi	[buah kranberi]

Apfelsine (f)	jeruk manis	[ʤʲeru' manis]
Mandarine (f)	jeruk mandarin	[ʤʲeru' mandarin]
Ananas (f)	nanas	[nanas]
Banane (f)	pisang	[pisaŋ]
Dattel (f)	buah kurma	[buah kurma]

Zitrone (f)	jeruk sitrun	[ʤʲeru' sitrun]
Aprikose (f)	aprikot	[aprikot]
Pfirsich (m)	persik	[persi']

Kiwi (f)	kiwi	[kiwi]
Grapefruit (f)	jeruk Bali	[ʤʲeru' bali]

Beere (f)	buah beri	[buah beri]
Beeren (pl)	buah-buah beri	[buah-buah beri]
Preiselbeere (f)	buah cowberry	[buah kowberi]
Walderdbeere (f)	stroberi liar	[stroberi liar]
Heidelbeere (f)	buah bilberi	[buah bilberi]

145. Blumen. Pflanzen

Blume (f)	bunga	[buŋa]
Blumenstrauß (m)	buket	[buket]
Rose (f)	mawar	[mawar]
Tulpe (f)	tulip	[tulip]
Nelke (f)	bunga anyelir	[buŋa anjelir]
Gladiole (f)	bunga gladiol	[buŋa gladiol]
Kornblume (f)	cornflower	[kornflawa]
Glockenblume (f)	bunga lonceng biru	[buŋa lontʃeŋ biru]
Löwenzahn (m)	dandelion	[dandelion]
Kamille (f)	bunga margrit	[buŋa margrit]
Aloe (f)	lidah buaya	[lidah buaja]
Kaktus (m)	kaktus	[kaktus]
Gummibaum (m)	pohon ara	[pohon ara]
Lilie (f)	bunga lili	[buŋa lili]
Geranie (f)	geranium	[geranium]
Hyazinthe (f)	bunga bakung lembayung	[buŋa bakuŋ lembajuŋ]
Mimose (f)	putri malu	[putri malu]
Narzisse (f)	bunga narsis	[buŋa narsis]
Kapuzinerkresse (f)	bunga nasturtium	[buŋa nasturtium]
Orchidee (f)	anggrek	[aŋgreʔ]
Pfingstrose (f)	bunga peoni	[buŋa peoni]
Veilchen (n)	bunga violet	[buŋa violet]
Stiefmütterchen (n)	bunga pansy	[buŋa pansi]
Vergissmeinnicht (n)	bunga jangan-lupakan-daku	[buŋa dʒʲaŋan-lupakan-daku]
Gänseblümchen (n)	bunga desi	[buŋa desi]
Mohn (m)	bunga madat	[buŋa madat]
Hanf (m)	rami	[rami]
Minze (f)	mint	[min]
Maiglöckchen (n)	lili lembah	[lili lembah]
Schneeglöckchen (n)	bunga tetesan salju	[buŋa tetesan saldʒʲu]
Brennnessel (f)	jelatang	[dʒʲelataŋ]
Sauerampfer (m)	daun sorrel	[daun sorrel]
Seerose (f)	lili air	[lili air]
Farn (m)	pakis	[pakis]
Flechte (f)	lichen	[litʃen]
Gewächshaus (n)	rumah kaca	[rumah katʃa]
Rasen (m)	halaman berumput	[halaman bərumput]
Blumenbeet (n)	bedeng bunga	[bedeŋ buŋa]
Pflanze (f)	tumbuhan	[tumbuhan]
Gras (n)	rumput	[rumput]

Grashalm (m)	sehelai rumput	[sehelaj rumput]
Blatt (n)	daun	[daun]
Blütenblatt (n)	kelopak	[kelopaʔ]
Stiel (m)	batang	[bataŋ]
Knolle (f)	ubi	[ubi]

| Jungpflanze (f) | tunas | [tunas] |
| Dorn (m) | duri | [duri] |

blühen (vi)	berbunga	[bərbuŋa]
welken (vi)	layu	[laju]
Geruch (m)	bau	[bau]
abschneiden (vt)	memotong	[memotoŋ]
pflücken (vt)	memetik	[memetiʔ]

146. Getreide, Körner

Getreide (n)	biji-bijian	[bidʒi-bidʒian]
Getreidepflanzen (pl)	padi-padian	[padi-padian]
Ähre (f)	bulir	[bulir]

Weizen (m)	gandum	[gandum]
Roggen (m)	gandum hitam	[gandum hitam]
Hafer (m)	oat	[oat]
Hirse (f)	jawawut	[dʒʲawawut]
Gerste (f)	jelai	[dʒʲelaj]

Mais (m)	jagung	[dʒʲaguŋ]
Reis (m)	beras	[beras]
Buchweizen (m)	buckwheat	[bakvit]

Erbse (f)	kacang polong	[katʃaŋ poloŋ]
weiße Bohne (f)	kacang buncis	[katʃaŋ buntʃis]
Sojabohne (f)	kacang kedelai	[katʃaŋ kedelaj]
Linse (f)	kacang lentil	[katʃaŋ lentil]
Bohnen (pl)	kacang-kacangan	[katʃaŋ-katʃaŋan]

LÄNDER. NATIONALITÄTEN

147. Westeuropa

Europa (n)	Eropa	[eropa]
Europäische Union (f)	Uni Eropa	[uni eropa]
Österreich	Austria	[austria]
Großbritannien	Britania Raya	[britania raja]
England	Inggris	[iŋgris]
Belgien	Belgia	[belgia]
Deutschland	Jerman	[dʒierman]
Niederlande (f)	Belanda	[belanda]
Holland (n)	Belanda	[belanda]
Griechenland	Yunani	[yunani]
Dänemark	Denmark	[denmar']
Irland	Irlandia	[irlandia]
Island	Islandia	[islandia]
Spanien	Spanyol	[spanjol]
Italien	Italia	[italia]
Zypern	Siprus	[siprus]
Malta	Malta	[malta]
Norwegen	Norwegia	[norwegia]
Portugal	Portugal	[portugal]
Finnland	Finlandia	[finlandia]
Frankreich	Prancis	[pranʧis]
Schweden	Swedia	[swedia]
Schweiz (f)	Swiss	[swiss]
Schottland	Skotlandia	[skotlandia]
Vatikan (m)	Vatikan	[vatikan]
Liechtenstein	Liechtenstein	[lajhtensteyn]
Luxemburg	Luksemburg	[luksemburg]
Monaco	Monako	[monako]

148. Mittel- und Osteuropa

Albanien	Albania	[albania]
Bulgarien	Bulgaria	[bulgaria]
Ungarn	Hongaria	[hoŋaria]
Lettland	Latvia	[latvia]
Litauen	Lituania	[lituania]
Polen	Polandia	[polandia]

Rumänien	Romania	[romania]
Serbien	Serbia	[serbia]
Slowakei (f)	Slowakia	[slowakia]
Kroatien	Kroasia	[kroasia]
Tschechien	Republik Ceko	[republiʔ tʃeko]
Estland	Estonia	[estonia]
Bosnien und Herzegowina	Bosnia-Hercegovina	[bosnia-hersegovina]
Makedonien	Makedonia	[makedonia]
Slowenien	Slovenia	[slovenia]
Montenegro	Montenegro	[montenegro]

149. Frühere UdSSR Republiken

Aserbaidschan	Azerbaijan	[azerbajdʒʲan]
Armenien	Armenia	[armenia]
Weißrussland	Belarusia	[belarusia]
Georgien	Georgia	[dʒordʒia]
Kasachstan	Kazakistan	[kazakstan]
Kirgisien	Kirgizia	[kirgizia]
Moldawien	Moldova	[moldova]
Russland	Rusia	[rusia]
Ukraine (f)	Ukraina	[ukrajna]
Tadschikistan	Tajikistan	[tadʒikistan]
Turkmenistan	Turkmenistan	[turkmenistan]
Usbekistan	Uzbekistan	[uzbekistan]

150. Asien

Asien	Asia	[asia]
Vietnam	Vietnam	[vjetnam]
Indien	India	[india]
Israel	Israel	[israel]
China	Tiongkok	[tjoŋkoʔ]
Libanon (m)	Lebanon	[lebanon]
Mongolei (f)	Mongolia	[moŋolia]
Malaysia	Malaysia	[malajsia]
Pakistan	Pakistan	[pakistan]
Saudi-Arabien	Arab Saudi	[arab saudi]
Thailand	Thailand	[tajland]
Taiwan	Taiwan	[tajwan]
Türkei (f)	Turki	[turki]
Japan	Jepang	[dʒʲepaŋ]
Afghanistan	Afghanistan	[afganistan]
Bangladesch	Bangladesh	[baŋladeʃ]

Indonesien	Indonesia	[indonesia]
Jordanien	Yordania	[yordania]
Irak	Irak	[iraʔ]
Iran	Iran	[iran]
Kambodscha	Kamboja	[kambodʒia]
Kuwait	Kuwait	[kuweyt]
Laos	Laos	[laos]
Myanmar	Myanmar	[myanmar]
Nepal	Nepal	[nepal]
Vereinigten Arabischen Emirate	Uni Emirat Arab	[uni emirat arab]
Syrien	Suriah	[suriah]
Palästina	Palestina	[palestina]
Südkorea	Korea Selatan	[korea selatan]
Nordkorea	Korea Utara	[korea utara]

151. Nordamerika

Die Vereinigten Staaten	Amerika Serikat	[amerika serikat]
Kanada	Kanada	[kanada]
Mexiko	Meksiko	[meksiko]

152. Mittel- und Südamerika

Argentinien	Argentina	[argentina]
Brasilien	Brasil	[brasil]
Kolumbien	Kolombia	[kolombia]
Kuba	Kuba	[kuba]
Chile	Chili	[tʃili]
Bolivien	Bolivia	[bolivia]
Venezuela	Venezuela	[venezuela]
Paraguay	Paraguay	[paraguaj]
Peru	Peru	[peru]
Suriname	Suriname	[suriname]
Uruguay	Uruguay	[uruguaj]
Ecuador	Ekuador	[ekuador]
Die Bahamas	Kepulauan Bahama	[kepulauan bahama]
Haiti	Haiti	[haiti]
Dominikanische Republik	Republik Dominika	[republiʔ dominika]
Panama	Panama	[panama]
Jamaika	Jamaika	[dʒiamajka]

153. Afrika

Ägypten	Mesir	[mesir]
Marokko	Maroko	[maroko]
Tunesien	Tunisia	[tunisia]
Ghana	Ghana	[gana]
Sansibar	Zanzibar	[zanzibar]
Kenia	Kenya	[kenia]
Libyen	Libia	[libia]
Madagaskar	Madagaskar	[madagaskar]
Namibia	Namibia	[namibia]
Senegal	Senegal	[senegal]
Tansania	Tanzania	[tanzania]
Republik Südafrika	Afrika Selatan	[afrika selatan]

154. Australien. Ozeanien

Australien	Australia	[australia]
Neuseeland	Selandia Baru	[selandia baru]
Tasmanien	Tasmania	[tasmania]
Französisch-Polynesien	Polinesia Prancis	[polinesia prantʃis]

155. Städte

Amsterdam	Amsterdam	[amsterdam]
Ankara	Ankara	[ankara]
Athen	Athena	[atena]
Bagdad	Bagdad	[bagdad]
Bangkok	Bangkok	[baŋkoʔ]
Barcelona	Barcelona	[bartʃelona]
Beirut	Beirut	[beyrut]
Berlin	Berlin	[berlin]
Bombay	Mumbai	[mumbaj]
Bonn	Bonn	[bonn]
Bordeaux	Bordeaux	[bordo]
Bratislava	Bratislava	[bratislava]
Brüssel	Brussel	[brusel]
Budapest	Budapest	[budapest]
Bukarest	Bukares	[bukares]
Chicago	Chicago	[tʃikago]
Daressalam	Darussalam	[darussalam]
Delhi	Delhi	[delhi]
Den Haag	Den Hague	[den hag]
Dubai	Dubai	[dubaj]
Dublin	Dublin	[dublin]

Düsseldorf	Düsseldorf	[dyuseldorf]
Florenz	Firenze	[firenze]
Frankfurt	Frankfurt	[frankfurt]
Genf	Jenewa	[dʒʲenewa]

Hamburg	Hamburg	[hamburg]
Hanoi	Hanoi	[hanoi]
Havanna	Havana	[havana]
Helsinki	Helsinki	[helsinki]
Hiroshima	Hiroshima	[hiroʃima]
Hongkong	Hong Kong	[hoŋ koŋ]
Istanbul	Istambul	[istambul]
Jerusalem	Yerusalem	[erusalem]

Kairo	Kairo	[kajro]
Kalkutta	Kolkata	[kolkata]
Kiew	Kiev	[kiev]
Kopenhagen	Kopenhagen	[kopenhagen]
Kuala Lumpur	Kuala Lumpur	[kuala lumpur]

Lissabon	Lisbon	[lisbon]
London	London	[london]
Los Angeles	Los Angeles	[los enzheles]
Lyon	Lyons	[lion]

Madrid	Madrid	[madrid]
Marseille	Marseille	[marseille]
Mexiko-Stadt	Meksiko	[meksiko]
Miami	Miami	[miami]
Montreal	Montréal	[montreal]
Moskau	Moskow	[moskow]
München	Munich	[munitʃ]

Nairobi	Nairobi	[najrobi]
Neapel	Napoli	[napoli]
New York	New York	[nju yorʔ]
Nizza	Nice	[nitʃe]
Oslo	Oslo	[oslo]
Ottawa	Ottawa	[ottawa]

Paris	Paris	[paris]
Peking	Beijing	[beydʒiŋ]
Prag	Praha	[praha]
Rio de Janeiro	Rio de Janeiro	[rio de dʒʲaneyro]
Rom	Roma	[roma]

Sankt Petersburg	Saint Petersburg	[sajnt petersburg]
Schanghai	Shanghai	[ʃanhaj]
Seoul	Seoul	[seoul]
Singapur	Singapura	[siŋapura]
Stockholm	Stockholm	[stokholm]
Sydney	Sydney	[sidni]

Taipeh	Taipei	[tajpey]
Tokio	Tokyo	[tokio]
Toronto	Toronto	[toronto]

Venedig	**Venesia**	[venesia]
Warschau	**Warsawa**	[warsawa]
Washington	**Washington**	[waʃiŋton]
Wien	**Wina**	[wina]

www.ingramcontent.com/pod-product-compliance
Lightning Source LLC
Chambersburg PA
CBHW070604050426
42450CB00011B/2974